DÉCLINEZ LES
SAUCES

DÉCLINEZ LES SAUCES

Jean-Pierre DEZAVELLE

Photographies
Jean-Luc SYREN
Christophe GABLE, assistant

Coordination
Éric ZIPPER

CRÉATION S.A.E.P.
68040 INGERSHEIM - COLMAR

DORMONVAL
CH - LUCERNE

Signification des symboles accompagnant les recettes

Recettes

✗ élémentaire

✗✗ facile

✗✗✗ difficile

Recettes

○ peu coûteuse

◯◯ raisonnable

◯◯◯ chère

La vie est un mets délicat qui n'agrée que par la sauce.

Victor Hugo

L'importance de la cuisine française et son universalité tiennent pour une bonne part à la qualité de ses sauces.

À bonne sauce, point d'économie : les jus, les bouillons, les fumets… représentent la base fondamentale sans laquelle rien de sérieux ne peut être réalisé.
Si la volonté de bien faire et le talent sont incontournables, il faut les moyens de créer correctement les fonds de cuisine, il faut des bons produits, des denrées irréprochables.

C'est le marquis de Cussy qui affirmait, parlant du saucier, cuisinier spécialisé dans l'apprêt des sauces : «Il est le chimiste éclairé, le génie créateur et la pierre angulaire du monument de la cuisine transcendante.» et qui fait dire de l'apprenti ou du mauvais cuisinier qu'il est un «gâte-sauce» !
Les bonnes sauces ne supportent pas la médiocrité.

La réussite d'une sauce, c'est obtenir un produit qui s'harmonise avec le plat à faire valoir sans lui porter ombrage. Peut-être est-il parfois préférable de s'en passer quand on ne sait pas à quelle sauce le faire».

Les bons usages, nés des coutumes moyenâgeuses qui réservaient aux manants la consommation du «pain de brode» utilisé en «tailloir», larges tranches de pain faisant usage d'assiettes destinées à éponger les jus des aliments, ne permettent pas de «saucer» assiettes ou plats. Et pourtant, quand elle est bonne, qu'il est plaisant de «tremper son pain dans la sauce».

Quoi qu'il en soit, cuisiner n'est que rarement un acte égoïste. Exception faite de la nécessité de se nourrir, c'est par plaisir et pour le plaisir procuré que l'on se met aux fourneaux. Les achats précèdent déjà l'idée des bonheurs partagés ; c'est dès ce moment-là «qu'il faut mettre la sauce».

Et pour qu'ils soient pleinement appréciés, ces plaisirs doivent être variés et renouvelés. C'est l'ambition de cet ouvrage : donner au lecteur les recettes et les tours de mains qui devraient lui permettre de se «mettre à toutes les sauces».

UN PEU D'HISTOIRE

Si, depuis la plus haute antiquité, l'homme sait accompagner sa nourriture de condiments riches et variés, il est difficile d'appeler « sauces » les divers ingrédients qui les composent. Il s'agit, en fait, de mélanges d'épices plus ou moins complexes, délayés, macérés, infusés dans des liquides aromatiques : vins, alcools, huiles, jus de fruits ou de légumes et autres breuvages.

Les techniques du froid appliquées à la conservation des aliments n'existent pas et, quand bien même on saurait stocker la glace hivernale ou transporter très rapidement la neige des cimes alpestres vers des plaines plus lointaines, les altérations naturelles de la nourriture lui confèrent des saveurs fortes qu'il convient de masquer.

À l'époque, les seules pratiques culinaires connues sont liées soit :

— à l'utilisation du foyer unique, sur lequel on pose le « pot » en terre, en fer, en fonte... dans lequel vont cuire tous les ingrédients du repas ou à la flamme duquel on va faire griller, directement ou à la broche, viandes et poissons ;

— aux braises de ce même foyer, qui servent à enfouir divers aliments, telles les pommes de terre « sous la cendre », que l'on redécouvre avec délices ;

— à la cuisson au four, simple trou dans la terre empli de pierres chauffées ou, moins rustique, maçonné en argile et alimenté à la tourbe et au bois.

C'est, progressivement, avec l'avènement de l'agriculture, la production des céréales, leur transformation en farines puis en pain que l'homme commence à utiliser du « pain hâlé », de la « farine grillée » pour la liaison des liquides de macération.

En même temps que l'on trouve la solution pour épaissir les « jus », les énormes quantités d'épices mises en œuvre jusqu'alors n'ont plus leur raison d'être. Leur utilisation diminue, ce qui correspond aux découvertes d'autres civilisations, de nouvelles cultures, en somme de modes de vie différents.

L'évolution, par exemple, entre le XIVe et le XVe siècles, de la « sauce Caméline », grande classique de la cuisine médiévale, en témoigne :

« Broyez du gingembre, grand foison de cannelle, du poivre long, du pain grillé trempé dans du vinaigre et du verjus, passez le tout. » (D'après *Viandier de Sion*, page 99, début du XIVe siècle.)

« Prenez du pain blanc selon la quantité de sauce à faire et mettez-le bien à rôtir sur le gril. Ayez du bon vin clairet, le meilleur possible, dans lequel vous mettrez le pain à tremper, ainsi que du vinaigre en bonne quantité. Prenez vos épices, à savoir cannelle, gingembre, graine de paradis, clou de girofle, un peu de poivre, du macis, de la noix de muscade et un peu de sucre ; mélangez tout cela avec le pain et ajoutez un peu de sel. » (D'après *Maître Chiquart*, page 173, début du XVe siècle.)

À la fin du XVIIe siècle, le foyer dans la cheminée s'accompagne d'un nouveau mobilier de cuisine : le potager, élément maçonné destiné à recevoir plusieurs ustensiles de cuisson maintenus au-dessus de braises incandescentes. C'est l'abandon progressif de la cheminée et, surtout, de son « pot unique » pour utiliser le « potager », qui offre maintenant la possibilité de cuissons simultanées et multiples. Les sauces se diversifient, et on assiste à une prolifération d'appellations, en passant ainsi d'une cuisine « par ajouts » à une cuisine « de mélanges ».

Les cuissons longues, les mijotées deviennent possibles, les réductions sont maîtrisées ; c'est, avec la renaissance des arts et des cultures, le renouveau dans les cuisines, la découverte des fonds, des roux, des mirepoix.

Le XVIIIe siècle voit l'entrée en cuisine de la « sauce espagnole », réalisée à partir de fond de veau brun. Il en est de même pour les demi-glaces et les glaces de viande. Et puis, avec le XIXe siècle, on assiste à l'évolution des ustensiles de cuisine : jusqu'alors de forme et d'usage uniques, en fer, en fer blanc et en fer étamé, ils sont progressivement réalisés en aluminium, en cuivre et, jusqu'à aujourd'hui, en acier inoxydable, dans des formes et des dimensions qui les destinent à des usages précis.

En même temps, ce sont les fourneaux qui font entrer la véritable révolution dans les cuisines et dans les marmites. Eux-mêmes réalisés en métal et en matériaux réfractaires autant que solides, ils autorisent des puissances caloriques et des régulations jamais atteintes. C'est aussi le début des premières machines à hacher, à éplucher les légumes, à fabriquer de la glace pour la conservation des aliments. Bientôt le premier lave-vaisselle !

L'organisation du travail qui en résulte influe directement sur l'ordonnance des repas tout autant que sur la répartition des tâches dans la cuisine, devenue moderne. Est-ce l'arrivée des nouvelles énergies utilisées en cuisine, le gaz puis l'électricité, qui entraînera la codification des préparations culinaires autant que celle des artisans de la cuisine ? Sont-ce les habitudes des consommateurs ou les raisons économiques de l'époque ? Jusqu'au XXe siècle, les traditions culinaires sont transmises de bouche à oreille, « de grand-mère à petite-fille », on enferme précieusement le « livre de recettes », plus cahier que livre, dans un des tiroirs de la table de la cuisine. La ménagère y inscrit avec grand soin les recettes que parentes et amies se confient, dans le secret des offices.

C'est dès le XIXe siècle, avec Antonin Carême (1784-1832), puis au XXe siècle, surtout avec Auguste Escoffier (1846-1935), qui reprend lui-même les travaux de ses amis et illustres prédécesseurs, tels Urbain Dubois, Émile Bernard ou Jules Gouffé, et en collaboration avec Philéas Gilbert et Prosper Montagné, que notre art culinaire devient précis, codifié, pratiquement réglementé, donnant les appellations authentiques, les ingrédients quantifiés ainsi que les temps et les modes de cuisson pour obtenir les préparations, les mets, les sauces... tels qu'ils sont écrits.

La grande cuisine française est née de sa vulgarisation.

C'est justement la codification de la cuisine, à l'origine de cour et bourgeoise, qui met à la portée des gourmands du monde entier les préparations culinaires jusqu'alors réservées aux heureux employeurs, aux proches, aux clients des chefs réputés.

Les livres de cuisine prolifèrent, offrant à chacun les « modes d'emploi » qui faisaient défaut.

Dans la hiérarchie de la profession de cuisinier, le chef saucier devient le plus important, la « pierre angulaire de la cuisine », celui sans qui tout s'écroule. Et chacun de s'imaginer devenir « grand chef » en sa demeure.

Depuis, sous l'effet de la civilisation de consommation, de l'intérêt renouvelé pour la table, du nombre croissant de clients dans les restaurants, du renom de la cuisine de nos grands chefs actuels, beaucoup de vocations — pourquoi pas — souvent improvisées — ce qui n'est pas un mal en soi — se sont manifestées ; mais il semblerait que cette explosion « hôtelière » n'ait pas toujours été accompagnée du respect de certains critères inhérents à une activité essentiellement soucieuse du bien-être de ses consommateurs.

Comme cela se produit chaque fois que les habitudes, devenues mauvaises, engendrent les abus, il convient d'intervenir pour préciser à nouveau les bonnes pratiques.

À cela s'ajoute le phénomène évolutif de la cuisine, qui n'échappe ni aux modes ni aux nouvelles tendances.

Aujourd'hui, la cohabitation de plusieurs tendances dans nos habitudes alimentaires — l'une se voulant inventive, une autre, internationale, une autre encore voulant renouer avec l'authentique, le traditionnel, le régional... sans pour autant vouloir renier les pratiques ancestrales ! — risque toutefois de créer de nouveaux doutes qu'il faudra recodifier. Les grands chefs de maintenant n'échappent pas à la règle. Ils apportent leur concours à la rédaction d'encyclopédies de cuisine ou tentent d'écrire le nouvel ouvrage de référence.

Il y a quelques années, on nous promettait une alimentation du XXIe siècle tout en pilules, potions et autres comprimés !

Quand bien même la révolution serait toujours en marche dans les cuisines et dans nos assiettes, rien ne remplace, jusqu'à présent, l'utilisation de produits alimentaires de qualité et les tours de main traditionnels pour transformer les denrées en mets savoureux que nous avons toujours plaisir à partager.

LES SAUCES : DÉFINITIONS

Qu'est-ce qu'une sauce ?

Une sauce est un accessoire culinaire, froid ou chaud, confectionné généralement à partir d'un liquide, d'un épaississant et de divers ingrédients.

Cet accessoire sert à accompagner l'aliment principal pour lui apporter saveur, rondeur ou encore délicatesse. Il est souvent l'élément indispensable qui sert à imprégner la garniture d'accompagnement du plat.

Une sauce ne doit jamais masquer le goût de l'aliment qu'elle accompagne ; elle doit seulement souligner les parfums originaux et apporter, si nécessaire, des saveurs complémentaires.

Les liquides utilisés pour la confection des sauces sont, pour quelques exemples :
— l'eau, pour sauce blanche maigre, sauce « bâtarde » ;
— le lait (la crème), pour béchamel, mornay, crème anglaise ;
— les « bouillons » (fonds et fumets), pour sauce poisson, sauce brune ;
— les vins et les alcools (en association avec d'autres liquides) ;
— l'huile, pour mayonnaise ;
— le beurre fondu liquide, pour la hollandaise, etc.

Les épaississants et les liants les plus couramment mis en œuvre sont :
— la farine, les amidons, les fécules ;
— les œufs ;
— les corps gras ;
— les purées et coulis.

Si, à partir de ces éléments, la fabrication d'une sauce semble simple, il convient d'ajouter les tours de main nécessaires, issus de principes technologiques éprouvés, et de savoir maîtriser les dosages et les degrés de cuisson qui vont faire toute la réussite de la préparation. C'est par la maîtrise des multiples paramètres que la sauce sera légère, savoureuse, liée à point.

Le terme culinaire utilisé dans le monde entier pour décrire la qualité d'une sauce ni trop liquide ni trop épaisse, brillante et colorée, au goût franc et à la saveur nette, juste coulante, légère et fluide, proche de la perfection est, en somme, **sauce à la française !**

QUANTITÉS DE SAUCES

Quelle quantité de sauce faut-il prévoir pour une personne ? On pourrait presque affirmer qu'il y a autant de réponses qu'il y a de variétés de sauces !

Tout dépend, surtout, de la composition de la sauce et du plat qu'elle accompagne. Quelques cuillerées de vinaigrette suffisent pour assaisonner une salade pour 4 à 6 personnes, 1/4 de litre d'huile convient à de la mayonnaise pour 4 personnes en accompagnement de viande froide ou de poisson, mais est largement suffisant pour lier de la macédoine de légumes pour 10.

Sans vouloir en faire une généralité absolue, on peut prévoir 1 dl de sauce par portion si cette sauce accompagne un aliment garni de féculents (riz, pâtes, pommes de terre...) ; si cette sauce comporte des éléments de garniture (fruits de mer, champignons, etc.), il faut en prévoir seulement 6 à 7 centilitres, alors que 50 g conviennent pour une sauce émulsionnée à base de beurre et d'œufs, du type hollandaise ou béarnaise.

AVEC DE LA FARINE

LES ROUX

Réalisés à partir d'un corps gras (beurre, margarine ou encore huile) et de farine dans des proportions identiques (autant de beurre* que de farine), les roux sont des auxiliaires culinaires indispensables.

Selon les quantités du mélange corps gras/farine et les proportions de liquide mises en œuvre, la sauce liée avec un roux sera plus ou moins épaisse.

Suivant le degré de cuisson du roux et la coloration de la farine qui, sous l'action de la chaleur, passe du blanc au blond jusqu'au brun foncé avant de devenir noire carbonisée, on obtiendra une sauce blanche, blonde ou brune.

Les proportions sont déterminées en fonction d'un litre de liquide.

— Pour une sauce liquide, on parle, dans le langage culinaire, d'un roux à 30 g, ce qui signifie : pour un litre de mouillement, on a préparé un roux avec 30 g de beurre et 30 g de farine.

* Pour plus de facilité, c'est le mot beurre qui sera utilisé chaque fois en place de «corps gras».

— Avec «un roux à 80 g», soit 80 g de beurre et 80 g de farine pour un litre de liquide, la sauce obtenue sera un peu épaisse, à «120 g» la préparation prend la consistance d'un pudding.

En règle générale, pour un litre de liquide :
— roux à 30 g (30 g de chaque) = consistance d'un potage crémeux ;
— roux à 50 g (50 g de chaque) = consistance d'une sauce fluide ;
— roux à 65 g (65 g de chaque) = consistance d'une sauce qui nappe ;
— roux à 80 g (80 g de chaque) = consistance d'une béchamel épaisse ;
— roux à 120 g (120 g de chaque) = appareil à croquettes, à cromesquis…

Temps de cuisson :
— pour un roux blanc : 2 à 3 minutes ;
— pour un roux blond : 4 à 5 minutes ;
— pour un roux brun :   6 à 8 minutes.

Technique

Prendre une casserole suffisamment grande pour contenir toute la préparation : roux + liquide + garniture éventuelle. Se munir d'une cuillère en bois (ou une spatule en bois) et d'un fouet «à sauce».

Peser soigneusement la quantité de beurre, le mettre dans la casserole, poser celle-ci sur «le feu» et laisser fondre doucement.

Peser également la quantité de farine. Lorsque le beurre est fondu, verser dessus la farine en une seule fois (1), remuer pour bien mélanger avec la cuillère en bois et laisser cuire doucement sans cesser de remuer. Ne pas oublier de passer «dans les coins», c'est-à-dire dans l'angle formé tout autour de la casserole, entre la paroi et le fond (2).

1

Au début, le liquide devient jaunâtre selon la couleur du beurr (3). Progressivement, en cuisant, la farine va prendre une teinte plus blanchâtre (4), le mélange «fleurit» : c'est le roux blanc (5). Si c'est le résultat voulu, il suffit de retirer la casserole du feu, le roux est prêt. Si l'on souhaite un roux blond, poursuivre la cuisson sans cesser de remuer et arrêter le moment venu, ou continuer encore jusqu'à la cuisson brune désirée.

Attention : trop bruns, la farine commence à brûler et le roux prend un mauvais goût amer. Si le fond de la casserole est épais, il accumule bien la chaleur et, même hors du feu, le mélange va continuer à cuire. Par sécurité, plonger le fond de la casserole dans de l'eau froide pour bien arrêter la cuisson.

Ainsi préparé, le roux peut attendre, au réfrigérateur, plusieurs heures, voire plusieurs jours, jusqu'à son utilisation.

Très important, à respecter scrupuleusement : au moment de l'utilisation du roux et du liquide, un des deux éléments doit être froid et l'autre, chaud, c'est-à-dire :

— roux froid → liquide bouillant ;
— roux chaud → liquide froid.

Si ce principe n'est pas respecté, le mélange du roux et du liquide se fait mal avec le risque de trouver des grumeaux (boules de farine agglomérée) dans la sauce.

2

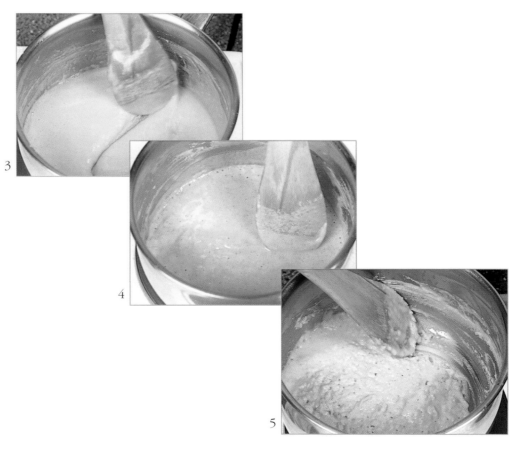

3

4

5

LE BEURRE MANIÉ

Variante rapide du roux, le beurre manié s'obtient en malaxant, à cru et à froid, une quantité de beurre mou avec une quantité équivalente de farine.

Le beurre manié est surtout utilisé en fin de cuisson, lorsque la sauce manque un peu de liaison.

Utilisé en petite quantité, il est ajouté progressivement dans la sauce bouillante, sans cesser de remuer énergiquement, de préférence à l'aide d'un fouet. Dès que la sauce est à la consistance désirée, on arrête le mélange et on l'utilise sans attendre.

LA FARINE TORRÉFIÉE

Mise en couche mince, dans un four chaud, la farine est simplement grillée jusqu'à l'obtention d'une belle couleur caramel un peu soutenue. Attention, trop grillée, la farine prend un goût amer de brûlé !

Ainsi précuite, dextrinisée, cette farine est utilisée pour lier les sauces brunes, dans lesquelles elle se disperse facilement froide dans le liquide chaud.

Pour une consistance identique, il faudra toujours un peu plus de cette farine torréfiée dans la sauce, c'est une des raisons qui font réserver cette technique à un usage culinaire professionnel.

AVEC DE LA FARINE, DE LA FÉCULE, DE L'AMIDON DE MAÏS, DE LA CRÈME DE RIZ : LES EMPOIS D'AMIDON

Les empois sont des « colles » légères réalisées à partir d'une quantité d'amidon (farine, fécule…) délayé dans de l'eau froide et chauffé rapidement.

À l'origine connus pour la fabrication artisanale de « colle blanche », de « colle à papier peint » mais aussi pour l'empesage (l'amidonnage) du linge (cols et poignets de chemises, toques de cuisiniers…), les empois trouvent leur utilisation pour la liaison des sauces.

Technique

Délayer une quantité d'amidon — les proportions indiquées pour les roux sont approximativement identiques — dans un liquide froid (eau, lait, alcool…) (1). Verser ce mélange froid dans le liquide bouillant, par petites quantités, en remuant énergiquement pour obtenir un mélange homogène et pour ne pas rompre l'ébullition (2). Il est préférable de procéder par petites quantités, la liaison s'opère rapidement et il est toujours plus facile de s'arrêter dès que la consistance de la sauce est obtenue.

Attention : différentes raisons peuvent donner des résultats différents !

— Selon la nature de l'amidon utilisé, la consistance de la sauce sera plus ou moins gélifiée : la farine donne un épaississement un peu opaque (3), la fécule (de pomme de terre, de riz, de maïs…) confère à la sauce une texture translucide (4), proche de la gelée.

— À quantité égale, à poids égal, une sauce liée à la farine sera moins épaisse que si elle est liée à la fécule, par exemple.

— L'élévation de la température de la sauce est également déterminante : délayée dans le liquide froid et portée progressivement à ébullition, la farine apportera moins de liant que si elle est versée directement dans le même liquide bouillant.

— Le temps de cuisson influe aussi sur l'épaississement de la sauce : la cuisson longue d'un fond de sauce (liquide de base) plus ou moins acide, plus ou moins concentré en éléments minéraux peut entraîner la liquéfaction de la préparation.

— Plus la préparation est acide, moins se fera la liaison, c'est une des raisons pour lesquelles les éléments acides, jus de citron, vinaigre, tomates, oseille…, sont toujours ajoutés à la fin.

— Liée avec un empois, la sauce devient plus compacte en refroidissant.

— Enfin, non seulement pour des raisons évidentes d'hygiène mais aussi pour un motif scientifique irréfutable, une sauce goûtée avec le doigt mis en bouche et regoûtée plusieurs fois… se liquéfiera. En effet, la salive contient une diastase dont le rôle est de prédigérer les glucides, c'est-à-dire de liquéfier aussi les amidons. Pour goûter, toujours utiliser une cuillère, changée et lavée à chaque fois.

1

2

3   4

LES LIAISONS AUX PROTÉINES

Sous l'action de la chaleur, les protéines coagulent.

Le phénomène physique assez complexe fait parler de coagulation plutôt que de cuisson car il est lié à la fois à la température et à la concentration des protéines dans l'aliment considéré : le blanc d'œuf, plus riche en protéines, coagulera plus rapidement que le jaune, composé d'autres nutriments.

LES ŒUFS

En règle générale, ce sont les jaunes d'œufs qui sont utilisés dans les liaisons des sauces, soit seuls, soit mélangés à un autre ingrédient, lait ou crème principalement.

Dans ce type de liaison, il convient de séparer des préparations nettement distinctes :
— les sauces additionnées d'œufs pour leur donner du « velouté » ;
— les crèmes sucrées, dans lesquelles les œufs sont un des éléments essentiels de la liaison ;
— les sauces émulsionnées, qui ont le jaune d'œuf pour base.

Les sauces « veloutées »

Dès la fin de la cuisson de la sauce, obtenue par une association traditionnelle de liquide + roux, verser dedans, d'un seul coup, un mélange de crème fraîche et de jaunes d'œufs. Remuer énergiquement, surtout ne plus faire bouillir ; la température d'ébullition de la sauce est nettement supérieure à la température de coagulation des œufs ; les œufs coagulés — cuits — se dissocient du reste du mélange : la sauce devient grumeleuse, floconneuse. On dit qu'elle est tournée.

Les crèmes (type « crème anglaise »)

Ce sont les jaunes d'œufs qui, mélangés au lait et au sucre, progressivement vont donner la liaison à la préparation. L'élévation de la température doit être progressive, parfaitement homogène — ce qui nécessite un mélange, un brassage continuels — et correctement contrôlée pour pouvoir stopper dès le degré optimal atteint.

Pas assez chauffée, la crème reste liquide ; trop chauffée, elle est tournée.

Les sauces émulsionnées

Le liant servant de support à la préparation est le jaune d'œuf semi-coagulé, soit sous l'action de la chaleur (sauce hollandaise, par exemple), soit sous l'action d'un acide (vinaigre dans la mayonnaise) émulsionné avec un corps gras liquide (beurre fondu clarifié ou huile).

Dans le cas de la sauce hollandaise, la chaleur doit être parfaitement maîtrisée pour ne pas atteindre la coagulation des œufs, qui en ferait tout simplement des œufs brouillés, inutilisables en l'état.

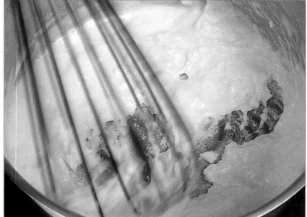

Dans les préparations de type «civet», le sang utilisé au dernier moment pour la liaison de la sauce est, normalement, celui de l'animal présent dans la recette.

Cette pratique, sujette à de nombreuses interprétations, ne peut être effectivement réalisée que lorsque l'on peut se procurer des animaux vivants ou qui viennent juste d'être tués, comme c'est le cas du gibier de chasse. Le sang ne peut être recueilli que lorsqu'il est frais, maintenu liquide par l'adjonction de vinaigre ou d'alcool, qui évitent la coagulation, et, surtout, conservé au froid.

Un animal chassé est généralement un animal effrayé ; et, dans le cas du gibier, qu'il soit de plume ou de poil, le stress au moment de l'abattage ou de la capture est un des agents qui accélèrent la sécrétion d'acide lactique dans le sang en même temps qu'il en fait augmenter la température. Ces éléments rendent, bactériologiquement, le sang encore plus fragile.

Le gibier, même sain, évolue dans un environnement dont germes en tous genres, contaminants de toutes espèces et faune parasitaire ne sont pas exclus. Si des principes d'hygiène absolus ne peuvent pas être observés au moment de recueillir le sang et de le transporter, il vaut mieux ne pas vouloir l'utiliser.

Lorsqu'il s'agit d'utiliser du sang frais de porc, en remplacement du sang de gibier difficile à conserver sainement, les conditions draconiennes fixées par la loi, en raison des risques sanitaires connus, sont telles qu'il faudrait être équipé de tout un arsenal de cuve, véhicule de transport, cellule de stockage… Cela devient impossible pour ne pas dire interdit.

Ce n'est plus que dans le domaine — quasi exclusivement — familial, avec les animaux de son propre élevage, lapins, gibier domestiqué…, que l'utilisation du sang reste possible, aux risques et périls des utilisateurs/consommateurs.

Tout comme pour les œufs, le sang coagule à une température plus basse que la température de cuisson des aliments. Il doit être versé dans la sauce à lier en toute fin de cuisson ; à partir de ce moment, la sauce ne doit plus bouillir.

REMARQUE

Dans les sauces liées, du type «velouté» ou «civet», les protéines animales utilisées pour la liaison (œuf ou sang) sont toujours associées à un autre liant, généralement un amidon. Cette double liaison d'empois d'amidon et d'œuf (ou de sang) permet une ébullition de quelques secondes. La durée de l'ébullition, qui ne doit pas dépasser une minute, dépend surtout des proportions amidon/œufs (ou sang), c'est-à-dire que plus la sauce est liée à la farine, plus elle supportera une ébullition soutenue. Cette solution qui consiste à utiliser peu (ou pas du tout) de protéines animales est souvent préférable lorsque les quantités d'aliments préparés laissent entrevoir la nécessité de «réchauffer les restes».

ATTENTION

Dans tous les cas de l'utilisation des protéines animales — œufs, sang — dans la liaison des sauces, la cuisson n'intervient pas comme élément assainissant. Ces mélanges restent bactériologiquement fragiles, leur fabrication requiert la plus grande rigueur technique et hygiénique ; leur confection est strictement réservée à une consommation rapide, quasi immédiate.

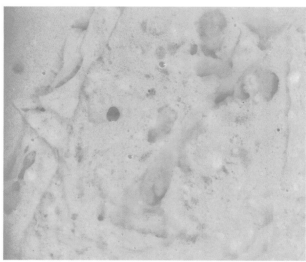

LES LIAISONS AUX CORPS GRAS

LA CRÈME

Utilisée comme élément de finition autant que de liaison, la crème fraîche apporte souplesse et onctuosité dans la sauce « blanche », qu'elle enrichit.

Pour que le liant s'opère correctement, la sauce de base doit être en pleine ébullition et la crème — liquide — doit être ajoutée petit à petit, sans rompre l'ébullition et sans cesser de remuer. Les actions conjuguées de l'ébullition, du brassage et de la réduction par évaporation entraînent comme une émulsion de la préparation. Dès qu'elle est « à point », la sauce doit être utilisée. Trop de cuisson rompt l'équilibre : la crème se dissocie, se transforme en molécules grasses. On dit de la sauce qu'elle tranche, qu'elle est tournée.

LE BEURRE

« Monter une sauce au beurre », c'est lui ajouter, pour une sauce brune, alors qu'elle est en pleine ébullition, des morceaux de beurre frais pour lui apporter richesse, brillant et onctuosité.

La différence entre beurre et crème est que l'une est blanche, encore liquide, donc plus riche en eau qu'il faut faire évaporer, et l'autre, pratiquement solide, est incolore lorsqu'il est fondu. C'est cette différence de couleur entre la crème blanche et le beurre fondu incolore qui destine l'un à certaines sauces, réservant l'autre à d'autres.

Le beurre a les mêmes effets que la crème sur la texture d'une sauce, il s'incorpore de la même façon, petit à petit, et ne supporte pas une cuisson prolongée.

LES FROMAGES

Selon qu'ils sont frais, diversement affinés ou secs, les fromages apportent souvent un liant aux sauces en plus de leur conférer des saveurs particulières.

Les fromages frais
Fromages blancs, petits-suisses, yaourts et autres doubles-crèmes peuvent constituer des sauces à eux seuls, détendus si nécessaire avec un peu de lait, de crème ou d'huile, additionnés de fines herbes, d'épices et d'assaisonnements.

Les fromages affinés

Les fromages affinés tels les camemberts, bleus et autres variétés apportent leur spécificité en même temps qu'ils épaississent la préparation culinaire dans laquelle ils sont ajoutés.

Les fromages « secs »

Les fromages « secs » à pâte cuite, utilisés râpés, tels les comté, gruyère, parmesan… « filent » dans la sauce chaude en donnant corps et élasticité. Ils doivent être ajoutés à la fin de la cuisson et juste avant l'utilisation. Ils sont trop cuits, la matière grasse se dissocie, comme pour le beurre et la crème ; refroidis, la sauce devient compacte.

UN ÉPAISSISSANT NATUREL : L'ÉVAPORATION

Par définition, un aliment trop liquide contient trop d'eau. Il suffit tout simplement de lui faire perdre une quantité de cette eau pour qu'il devienne plus épais !

En dehors des applications industrielles de la déshydratation, l'ébullition traditionnelle est le moyen le plus simple de faire évaporer l'eau. Encore faut-il que les composants du liquide à traiter supportent sans dommage une ébullition prolongée.

C'est principalement le cas des bouillons et des fumets, qui, en perdant de l'eau, vont en même temps concentrer leurs parfums et leurs saveurs.

POUR ÉVITER LES CORPS GRAS : LES LIAISONS AUX PURÉES DE LÉGUMES

Née des nouvelles méthodes culinaires autant que des nouvelles habitudes de table, la liaison des sauces, plutôt des jus de cuisson, à l'aide de purée de légumes, apporte une alternative intéressante.

Certains y trouveront une trop grande similitude avec les potages, mais, en combinant intelligemment temps de cuisson, nature des aliments, ajouts proportionnés et modérés de corps gras, utilisation raisonnée d'épices et de condiments…, on réalise des sauces de grande qualité gustative autant que d'apport alimentaire optimal.

LES NOUVELLES TECHNOLOGIES AU SERVICE DES SAUCES : LES ÉMULSIONS « ÉLECTRO-MÉCANIQUES »

Fruits des nouvelles technologies autant que des habitudes nutritionnelles d'aujourd'hui, le mixeur et la centrifugeuse font une entrée remarquable dans les cuisines.

Certains chefs réputés ne savent plus finir une sauce sans avoir recours au mixeur. La très grande vitesse de rotation du « couteau » entraîne un volume d'air important dans les ingrédients en leur donnant une texture souple, mousseuse, aérée.

Attention, il ne s'agit pas de « mixer » n'importe quoi ; la technique, pour être correctement maîtrisée, doit répondre à des critères éprouvés de proportions, d'équilibre, de rapidité d'exécution, l'ensemble pour une consommation immédiate. L'émulsion est instable, généralement sans chaleur — donc sans assainissement —, et elle ne supporte pas d'attendre. La centrifugeuse permet l'extraction de jus, essentiellement de légumes et de fruits, qu'il ne serait pas possible d'obtenir autrement. Ces jus crus sont d'un grand intérêt alimentaire, ils offrent de savoureuses variantes dans l'alimentation de régime, par exemple.

LES LIQUIDES

L'EAU

Base fondamentale de toute existence, l'eau est autant indispensable à la vie qu'elle l'est à la cuisine.

Sans eau, point de sauce.

L'eau seule, surtout lorsqu'elle est pure, n'a pas beaucoup de saveur. Rarement utilisée nature et seule pour la confection des sauces, elle en est un des éléments indissociables. C'est elle qui va dissoudre et conserver les parfums de légumes, de viandes et de poissons, c'est elle qui va se charger de sels minéraux, des vitamines, de tous les nutriments qui composent nos aliments.

LE LAIT

Autre élément indispensable à la vie, le lait est l'aliment naturel autant qu'élémentaire de tout mammifère.

Aliment à lui seul, sa composition complexe en fait un des éléments de base de bon nombre de sauces.

La dénomination LAIT sans autre indication est exclusivement réservée au lait de vache. Toute appellation de lait provenant d'autres mammifères femelles doit en spécifier l'origine : lait d'ânesse, de jument, de bufflonne, de brebis, etc.

Malgré les conditions normales de propreté et d'hygiène respectées au moment de la traite, le lait cru renferme de très nombreux germes qui l'exposent particulièrement aux altérations.

Le lait entier est un aliment gras ; à la traite, il contient en moyenne 40 g de lipides par litre. Cette quantité est variable avec la race des vaches laitières, leur alimentation, l'époque de la lactation, etc.

Le lait standard, vendu en ville, résulte de mélanges, après écrémage partiel. Le taux de matières grasses contenues dans le lait est fixé réglementairement en fonction des besoins du marché du beurre et d'autres données économiques internationales. Cette standardisation de la teneur en matières grasses est obtenue par l'utilisation d'une « écrémeuse standardisatrice ».

La teneur légale de matières grasses par litre de lait est définie comme suit :
— lait entier, 36 g de matières grasses par litre, étiquette rouge ;
— lait demi-écrémé, entre 15,5 et 18,5 g de matières grasses par litre, étiquette bleue ;
— lait écrémé, moins de 3 g de matières grasses par litre, étiquette jaune.

Pour être conservé, le lait doit subir différents traitements (aucun procédé chimique, ni conservateur, ni stabilisateur) soit de froid (réfrigération), soit de chaleur (pasteurisation, upérisation, déshydratation plus ou moins forte).

LE VIN, LES ALCOOLS

Pratiquement jamais utilisés seuls dans la confection des sauces, ils sont historiquement indispensables. Bien avant les connaissances technologiques pour la conservation des aliments, nos lointains ancêtres confiaient leur nourriture au vin et aux alcools. De façon tout à fait empirique, ils avaient observé leurs effets bactéricides, antibactériologiques et fongistatiques sur les denrées d'origine animale.

En plus de cet aspect bénéfique, les vins et les alcools apportent saveur et force à notre alimentation. Ils agrémentent les mets et les sauces, à une seule condition : pour donner aux préparations culinaires en général, aux sauces en particulier, toutes les qualités voulues, les vins et les alcools mis en œuvre doivent être irréprochables.

À mauvais vin, mauvaise sauce.

LES JUS DE FRUITS ET DE LÉGUMES

Si, depuis longtemps, le jus de citron, le vert-jus, les jus de persil ou encore les jus d'agrumes… sont largement utilisés pour apporter une pointe d'acidité, une note colorée, un complément de saveur dans les sauces, ce n'est que depuis l'introduction des centrifugeuses dans les cuisines que l'extraction des jus de fruits et surtout des jus de légumes est rendue possible.

Pour profiter des bienfaits nutritionnels des jus de légumes, ces derniers sont principalement utilisés crus, ce qui les réserve surtout aux sauces froides.

LES CORPS GRAS

Utilisés sous leur forme liquide, huile ou beurre fondu clarifié, ils entrent essentiellement dans la composition de sauces émulsionnées chaudes ou froides : mayonnaise et dérivés, hollandaise, béarnaise et dérivés, mais aussi en mélange simple pour toutes formes de «vinaigrettes».

ÉQUIVALENCES POIDS/MESURES/CONTENANCES

Ingrédients	Cuil. à café rase	Cuil. à soupe rase	Cuil. à soupe bombée	Verre à moutarde
Farine	5 g	10 g	20 g	100 g
Fécule	4 g	8 g	15 g	100 g
Sucre semoule	6 g	15 g	30 g	200 g
Sel fin	5 g	15 g	30 g	280 g
Riz	5 g	15 g	27 g	200 g
Eau, lait	8 g	15 g		200 g
Huile	6 g	12 g		160 g
Beurre		15 g	30 g	
Chapelure	4 g	8 g	20 g	90 g

1 tasse à café	=	$1/10^e$ de litre (1 dl)	= 6 cuillerées à soupe
1 pot de yaourt	=	1,5 dl	
1 verre ordinaire (à moutarde)	=	$2/10^e$ de litre (2 dl)	= 13 cuil. à soupe
1 assiette creuse	=	1/4 de litre (2,5 dl ou 250 g)	
1 grand bol	=	1/2 l (5 dl ou 500 g)	

LES FONDS DE BASE

FONDS DE BASE

Les fonds de cuisine représentent la base fondamentale sans laquelle les sauces traditionnelles de la cuisine française n'existent pas.

Encore faut-il que les ingrédients soient disponibles en qualité et en quantité suffisantes et que l'exécutant maîtrise correctement la technique nécessaire à leur réalisation.

En dehors des «appareils», des «farces», des «gelées» et des apprêts divers, les fonds de cuisine utilisés pour la confection des sauces sont les :
— bouillon de légumes ;
— consommé clair, type bouillon de pot-au-feu ;
— fonds blancs (de veau, de volaille) ;
— fond blanc de poisson, appelé «fumet» ;
— fond brun de veau, de volaille, de gibier ;
— fumets et essences ;
— glaces de viande, de volaille, de gibier, de poisson ;
— marinades.

COURT-BOUILLON POUR POISSONS ET CRUSTACÉS

✕○

Pour 1 l
Prép. : 15 min
Cuiss. : 30 min

1 carotte / 1 oignon / 1 bouquet garni / 10 grains de poivre blanc / 1 clou de girofle / 1/4 l de vin blanc sec / 2 cuil. à soupe de vinaigre d'alcool / 1 bonne cuil. à soupe de gros sel de mer.

Trier, nettoyer, laver les légumes. Les couper en rondelles.

Réunir tous les éléments dans une casserole avec 1 l d'eau froide, porter à ébullition, laisser cuire doucement pendant une demi-heure.

Le vinaigre peut être remplacé par du jus de citron.

Ce court-bouillon, passé et refroidi, peut se conserver plusieurs jours au réfrigérateur.

À défaut de fumet de poisson, il peut servir de base à la confection d'une sauce, en renforçant sa saveur par de la glace de poisson.

FUMET DE POISSON (fond blanc de poisson)

✕○

Pour 1 l environ
Prép. : 20 min
Cuiss. : 30 min

500 g de parures et d'arêtes de poissons (sole, turbot, lotte, limande...) / 1 cuil. d'huile / 50 g de carottes / 100 g de blanc de poireau / 1 oignon / 1 petite échalote grise / 1 dl de vin blanc sec / 1 bouquet garni / 4 grains de poivre noir / 1 zeste de citron.

Concasser les parures et les arêtes de poissons, les faire étuver dans l'huile chaude.

Nettoyer les légumes, les émincer, les ajouter avec les arêtes, laisser étuver ensemble quelques instants.

Verser le vin blanc, laisser réduire à moitié, ajouter 1 l d'eau froide, mettre le bouquet garni, le poivre et le zeste. Porter rapidement à ébullition, écumer, laisser cuire pendant 20 minutes.

Passer au chinois fin en pressant fortement pour exprimer tout le liquide. Réserver au froid, dégraisser.

Si le fumet est cuit trop longtemps, plus de 20 minutes, les arêtes lui donnent un goût amer.

FOND DE CRUSTACÉS

Pour 1,5 à 2 l   ✗✗ ⊙⊙
Prép. : 20 min
Cuiss. : 30 min

1,500 kg d'étrilles, petits crabes bien vivants / 100 g de carottes / 100 g de céleri / 1 oignon moyen / 50 g d'échalote / 2 cuil. à soupe d'huile d'olive / 5 cl de cognac / 1 dl de vin blanc / 2,5 l de fumet de poisson (à défaut, de l'eau froide) / 2 belles tomates bien mûres coupées en morceaux / 1 cuil. à soupe de concentré de tomates / 4 gousses d'ail écrasées / 1 tige d'estragon / 1 bouquet garni / Piment de Cayenne / Sel, poivre.

Laver soigneusement les crabes, les brosser si nécessaire. Travailler avec précaution les animaux vivants ; sans être dangereuses, les pinces peuvent surprendre et blesser légèrement.

Nettoyer les carottes, le céleri, l'oignon et l'échalote, les couper en petits dés.

Faire chauffer l'huile dans une marmite plus large que haute, verser dedans les crabes égouttés, les remuer et les faire sauter jusqu'à ce que leur carapace soit d'une belle couleur rouge. Verser le cognac, flamber, ajouter le vin blanc, laisser réduire de moitié.

Mouiller avec le fumet de poisson, ajouter le reste de la garniture et les assaisonnements. Ne pas trop assaisonner ce fond de base, qui va servir à d'autres préparations. Laisser cuire à découvert pendant 25 minutes en écumant régulièrement.

Passer au chinois fin dans un récipient propre en pressant fortement pour exprimer tout le jus.

Initialement confectionné avec des homards, ce fond peut également être préparé avec des carapaces d'autres crustacés déjà cuits et décortiqués : langouste, langoustine, etc.

PURÉE DE CRUSTACÉS

Pour 1 dl   ✗✗ ⊙⊙⊙
Prép. : 15 min
Cuiss. : 30 min

1 kg de carapaces de crustacés (coffres, pattes, pinces) décortiquées / 1 cuil. à soupe d'huile / 100 g d'oignons hachés / 50 g d'échalote ciselée / 100 g de carottes coupées en fine brunoise / 5 cl de cognac / 3 dl de fumet de poisson.

Concasser très finement les carcasses, les faire revenir vivement dans l'huile avec les légumes aromatiques, flamber au cognac, mouiller avec le fumet de poisson, faire cuire et réduire.

Piler les carapaces pour faire sortir tous les sucs. Passer au chinois fin — ou au tamis — pour recueillir toute la matière et tout le liquide. Cuire et réduire jusqu'à la consistance désirée.

Refroidie, cette purée peut être mélangée dans du beurre en pommade pour être conservée au frais et utilisée ultérieurement.

Le beurre obtenu prend le nom des carapaces utilisées : beurre de crevettes, de langoustes ou de langoustines, d'écrevisses, de homards et autres crabes.

Ni glace ni essence, cette sorte de « purée » destinée à renforcer les sauces est confectionnée à partir de carapaces de crustacés cuits, décortiqués, la chair ayant été utilisée dans d'autres préparations.

FONDS DE BASE

BOUILLON DE LÉGUMES

Pour 1 l

Prép. : 30 min
Cuiss. : 45 min

XO

300 g de poireaux / 300 g de carottes / 200 g de céleri-rave / 1 clou de girofle / 1 oignon / 2 gousses d'ail / 1 bouquet garni / 5 grains de poivre moulu / 1 cuil. à café de gros sel.

Nettoyer, éplucher, laver tous les légumes.

Piquer le clou de girofle dans l'oignon. Dégermer les gousses d'ail.

Couper les légumes en tronçons si nécessaire.

Réunir tous les éléments dans une casserole, couvrir d'eau froide, porter à ébullition, laisser frémir pendant 35 minutes.

Passer le bouillon au travers d'une passoire fine, le réserver.

Les légumes seront consommés soit directement chauds, soit refroidis, en salade ou autre garniture.

CONSOMMÉ BLANC SIMPLE OU «MARMITE»

Pour 1,5 à 2 l

Prép. : 30 min
Blanchiment : 20 min
Cuiss. : 2 h 30 min

XO

1 kg de viande maigre de bœuf (jarret, paleron, macreuse…) / 1 kg d'os de bœuf / 200 g de carottes / 100 g de navets (facultatif) / 100 g de poireaux / 1 branche de céleri (ou 100 g de céleri boule) / 1 ou 2 tomates fraîches (facultatif) / 2 gros oignons / 2 clous de girofle / 4 gousses d'ail / 1 bouquet garni / Quelques grains de poivre / 1 cuil. à café de gros sel.

Si nécessaire, ficeler les viandes et concasser les os.

Nettoyer, éplucher et laver tous les légumes de la garniture aromatique.

Mettre la viande et les os dans une marmite, couvrir d'eau froide, porter à ébullition. Écumer, laisser bouillir 5 minutes. Retirer du feu, égoutter la viande et les os, les rincer abondamment à l'eau froide.

Laver la marmite.

Remettre la viande et les os dans la marmite propre, recouvrir d'eau froide, porter doucement à ébullition, écumer soigneusement.

Ajouter tous les légumes et les assaisonnements. Laisser cuire doucement pendant 2 bonnes heures. Écumer et dégraisser régulièrement.

Retirer la viande et les légumes, les réserver pour les consommer chauds, froids…

Passer le bouillon à la passoire fine, le dégraisser, le réserver jusqu'à son utilisation.

C'est le bouillon du pot-au-feu.

FOND BLANC DE VEAU OU JUS CLAIR

Pour 1,5 à 2 l ✗○
Prép. : 20 min
Blanchiment : 20 min
Cuiss. : 2 h 30 min

1 kg d'os de veau / 500 g d'abattis et de carcasses de volaille (cous, ailerons…) / 500 g de parures maigres de veau / 200 g de carottes / 150 g de poireaux / 1 belle branche de céleri / 1 bouquet garni / 4 gousses d'ail / 2 oignons moyens / 2 clous de girofle / Quelques grains de poivre / 1 cuil. à café de gros sel.

Concasser les os si nécessaire, les mettre dans une marmite avec les abattis et les parures. Couvrir d'eau froide, porter à ébullition, écumer soigneusement, laisser bouillir 4 minutes.

Égoutter, rincer les os, les parures et les abattis à l'eau froide. Laver la marmite.

Nettoyer, trier, laver tous les légumes de la garniture aromatique.

Remettre les os, parures et abattis dans la marmite, couvrir d'eau froide, porter à ébullition, écumer soigneusement. Ajouter les légumes et les aromates, laisser cuire 2 bonnes heures en écumant et en dégraissant régulièrement.

Passer le fond à la passoire fine, refroidir et dégraisser.

C'est l'équivalent du consommé simple, avec les navets, les oignons roussis et les tomates en moins.

FOND BLANC DE VOLAILLE

Pour 1,5 à 2 l ✗○
Prép. : 20 min
Cuiss. : 2 h 30 min

1,500 kg d'abattis de volaille (cou, ailerons, pattes, carcasses…) / 200 g de carottes / 100 g de poireaux / 1 branche de céleri / 2 oignons moyens / 1 bouquet garni / 1 cuil. à soupe d'huile / 1 dl de vin blanc sec / Quelques grains de coriandre / Quelques grains de poivre.

Vérifier que les abattis soient bien propres. Les couper en morceaux.

Éplucher et couper les légumes en morceaux.

Faire revenir quelques minutes les abattis et les légumes dans l'huile chaude sans les laisser colorer. Déglacer avec le vin blanc. Le laisser s'évaporer à feu vif.

Verser 3 l d'eau froide. Remuer. Porter à ébullition. Écumer et laisser cuire à feu doux pendant 2 heures en écumant de temps en temps si nécessaire.

Passer au chinois dans un récipient propre. Réserver au froid.

Dégraisser le lendemain.

Oignons et clous de girofle

Le bon truc pour ne pas perdre les clous de girofle dans le bouillon : il suffit de les «planter» dans un oignon et, en retirant l'oignon, on retire en même temps les clous de girofle.

Pour donner une belle couleur ambrée au bouillon, poser un oignon coupé en deux sur la plaque de la cuisinière (quand cela est possible) ou dans une poêle anti-adhésive pour le faire «roussir» avant de l'ajouter dans la marmite. Ne pas le laisser brûler, il donnerait un goût amer.

LE GERME DES GOUSSES D'AIL DOIT TOUJOURS ÊTRE SUPPRIMÉ

L'ail, plante de la famille des Liliacées, renferme, comme ses cousins l'oignon, l'échalote, la ciboule…, des composés acides et sulfureux qui, en dehors d'irriter les muqueuses (qui n'a jamais pleuré en épluchant des oignons ?) ont des vertus médicinales. Le sulfure d'allyle intervenait pour calmer l'hépatite, servait d'antidote contre le venin… ; il intervient encore pour soulager l'asthme, et ses vertus d'hypotenseur sont toujours exploitées dans la pharmacopée moderne.

Même si la plante donne des graines, elle se reproduit par la division de ses bulbes, les caïeux dits aussi les gousses.

Chaque gousse renferme un germe qui, lorsque l'ail est jeune, est infiniment petit. Plus le temps passe, plus l'ail vieillit, plus le germe se développe. Il puise dans la gousse qui l'entoure les substances nécessaires à la pérennité de son espèce, ces sulfures – acides caractéristiques dont il va devenir une sorte de concentré.

Pour éviter que l'ail «vous reproche» lors d'une digestion difficile qui peut aller jusqu'aux brûlures d'estomac, ayez soin, chaque fois, d'ouvrir les gousses d'ail en deux, dans le sens de la longueur, pour en retirer le germe.

FONDS DE BASE

2

3

FOND BRUN DE VEAU

Pour 2 l environ   ✕O
Prép. : 20 min
Cuiss. : 4 h

1 kg d'os de veau / 300 g de jarret de veau / 1 cuil. d'huile / 150 g de carottes / 150 g de poireaux / 2 oignons moyens / 2 gousses d'ail / 50 g de concentré de tomates / 1 dl de vin blanc sec / 1 bouquet garni / 5 grains de poivre noir / 1 clou de girofle.

Concasser les os — ou le faire faire par le boucher —, couper le jarret en cubes. Faire rissoler à feu vif ces morceaux dans une grande cocotte avec un peu d'huile, jusqu'à ce qu'ils soient bien dorés (1).

Éplucher les légumes, les couper en morceaux, les ajouter dans la cocotte avec le concentré de tomates, les laisser étuver pendant 5 bonnes minutes (2).

Déglacer avec le vin blanc, le laisser s'évaporer. Mouiller avec 3 bons litres d'eau froide, ajouter le bouquet garni et les condiments. Faire cuire à feu doux pendant 4 heures en écumant autant que de besoin (3).

Passer le fond obtenu au travers d'un chinois fin, dans un récipient propre, en pressant les os et les légumes pour exprimer tout le jus (4). Réserver au froid.

Dégraisser le lendemain (5).

4   5

FOND BRUN DE GIBIER

Pour 1,5 à 2 l ✗⦾

Prép. : 20 min
Cuiss. : 3 h 30 min

1,500 kg d'os de gibier (chevreuil, sanglier…) / 200 g de carottes / 200 g de poireaux / 2 oignons moyens / 500 g de parures et de bas morceaux / 2 cuil. à soupe d'huile / 1 cuil. à soupe de concentré de tomates / 1 dl de vin blanc / 3 l d'eau froide (ou de fond blanc de veau) / 3 gousses d'ail / 4 baies de genièvre / 2 clous de girofle / 6 grains de poivre noir.

Casser les os en morceaux moyens.

Nettoyer tous les légumes de la garniture aromatique, les couper en mirepoix.

Faire revenir les os et les parures dans l'huile, faire rôtir au four à 240 °C (th. 8) en remuant pour donner une belle coloration brune ; ajouter les légumes et le concentré de tomates, remuer et laisser rôtir encore 5 minutes.

Réunir tous ces ingrédients dans une marmite. Dégraisser la plaque du four, la déglacer avec le vin blanc, l'ajouter dans la marmite.

Mouiller avec l'eau, porter à ébullition, écumer, ajouter les épices et les assaisonnements, laisser cuire pendant 3 heures en remuant et en dépouillant régulièrement.

Passer au chinois fin dans un récipient propre.

Réserver au frais.

Dégraisser le lendemain.

FOND BRUN D'AGNEAU

Pour 2 l environ ✗⦾

Prép. : 20 min
Cuiss. : 4 h

Ingrédients : voir fond brun de veau (p. 26).

Remplacer les éléments constitutifs du fond brun de veau par des os d'agneau, des crosses et des souris de gigots, des os et des morceaux de collet.

Attention à bien éviter les morceaux issus de moutons, d'animaux âgés, qui ont un parfum trop prononcé. Veiller à dégraisser soigneusement le fond obtenu : la graisse cuite refroidie prend vite un goût de suif désagréable.

FOND BRUN DE VOLAILLE

Pour 2 l environ ✗⦾

Prép. : 20 min
Cuiss. : 4 h

Ingrédients : voir fond brun de veau (p. 26).

Les éléments constitutifs et la méthode de préparation sont identiques au fond brun de veau en ajoutant des carcasses et abattis de volaille en plus grande quantité ou, chaque fois que possible, une vieille poule coupée en morceaux.

Pour plus de saveur, l'eau de mouillement peut être remplacée par du fond blanc de volaille.

BIEN DÉGRAISSER UN FOND EST GAGE DE MEILLEURE DIGESTIBILITÉ

Lorsque la préparation peut être complètement refroidie, la graisse fige et se solidifie à la surface ; elle devient très facile à retirer.

Si le temps n'est pas suffisant :

— dégraisser soigneusement le fond en affleurant la surface avec une petite louche ou une cuillère pour retirer la graisse qui surnage ;

— déposer à la surface des feuilles de papier absorbant de ménage, elles opèrent comme du buvard. Les retirer et les jeter lorsqu'elles sont imbibées de graisse.

Glaces diverses
Les glaces, de viande, de volaille, de poisson, sont obtenues par la réduction poussée d'un fond, jusqu'à l'obtention d'une consistance sirupeuse.

GLACE DE VIANDE

Pour 3 dl

Prép. : 5 min

Cuiss. : 2 h

1,5 l de fond brun (p. 26).

Mettre le fond dégraissé à réduire, sur feu doux, en remuant régulièrement.

Laisser réduire jusqu'à obtention d'un liquide épais, onctueux (1). Passer au chinois-étamine.

La glace de volaille s'obtient à partir du fond de volaille, celle de gibier, avec du fond de gibier, même chose pour le poisson.

En refroidissant, la glace se solidifie, jusqu'à prendre la consistance d'un caramel. Elle peut alors être divisée en petits morceaux, juste assez grands pour être utilisés en complément d'une préparation culinaire (2).

C'est le « truc » des gens pressés, des sauces minute, des recettes improvisées : un cube de glace de viande (ou de poisson…) et on obtient presque instantanément une base de sauce immédiatement utilisable.

À défaut de glace de viande (de poisson, de gibier…) préparée soi-même, on trouve depuis longtemps sur le marché des tablettes de bouillons déshydratés qui, en un clin d'œil, permettent de préparer un fond de sauce qu'il ne reste plus qu'à personnaliser.

1

2

BOUQUET GARNI

Composé d'aromates divers, il délivre à la cuisson les saveurs qui vont renforcer le goût du fond, puis de la sauce. Discret, il est retiré de la préparation avant le service.

Sa composition est variable mais reste toujours très simple : au minimum une branche de thym, une feuille de laurier, quelques tiges de persil, le tout savamment empaqueté dans une feuille verte de poireau et maintenu par quelques tours de ficelle.

Une branche de céleri, une tige d'estragon, quelques feuilles de sauge… apportent des saveurs complémentaires.

L'ensemble reste affaire de mesure : la composition sera différente — en volume — pour quelques décilitres de bouillon ou pour plusieurs litres.

FUMETS ET ESSENCES

Ce sont des fonds qui, sous un volume concentré, détiennent des saveurs fortement prononcées.

Obtenus de la même façon qu'un fond mais en les mouillant avec moins d'eau, ils servent essentiellement à renforcer une sauce qui manquerait de parfum.

Quand bien même un des principes fondamentaux de la cuisine française est d'utiliser, à la base, des produits ayant la bonne saveur, le bon goût, donc des fonds bien faits pour lesquels l'ajout d'essences ne devrait pas être nécessaire, ces préparations, les fumets et les essences, existent dans la cuisine traditionnelle, excepté, sans doute, l'essence de champignons, qui trouve des applications dans la cuisine familiale.

ESSENCE DE CHAMPIGNONS

Pour 1 dl ✗○

Prép. : 20 min à 1 h (selon la nature des champignons)
Cuiss. : 30 min

3 à 4 kg de champignons sauvages (girolles, chanterelles, roses des prés…) / Un peu de sel.

Nettoyer soigneusement les champignons en supprimant les parties terreuses, véreuses, les brindilles, les feuilles, la mousse… Les laver si nécessaire et, très rapidement, les égoutter soigneusement, couper les plus gros en morceaux.

Chauffer à sec une grande poêle antiadhésive, verser dedans les champignons, remuer, saler légèrement (attention, le jus va être réduit), les faire rendre leur eau de végétation en les laissant bouillir pas plus de 3 minutes.

Les égoutter au travers d'une passoire fine.

Réserver les champignons pour une utilisation ultérieure (en omelette, en garniture de viandes ou de poissons ou même pour leur conservation en sachets de congélation, par exemple).

Recueillir le jus de cuisson des champignons dans une casserole et le faire bouillir pour réduire son volume à 1 dl et concentrer son parfum. Filtrer cette essence, qui a pris une coloration assez sombre, la réserver pour relever divers plats et sauces.

Cette technique trouve tout son intérêt au moment d'une abondante cueillette de champignons sauvages. L'essence peut être conservée au congélateur, dans des petits flacons, en quantité juste suffisante pour aromatiser un ragoût, une sauce, un potage, etc.

JUS DE TRUFFES

Pour 1 dl ✗○○○

Prép. : 1 h
Cuiss. : 5 min

1 kg de truffes fraîches / 5 cl de madère (ou de porto blanc) / Sel.

Après avoir soigneusement brossé et lavé les truffes, les faire étuver rapidement et à couvert avec le vin choisi et une pincée de sel. Elles rendent naturellement leur jus, qu'il suffit de faire réduire à la quantité désirée pour le concentrer.

Les truffes sont réservées à l'usage culinaire qui leur est destiné ou sont mises en conserve.

Le jus, très parfumé, peut être utilisé directement. Il peut, lui aussi, être conservé. La technique la mieux adaptée pour une utilisation ultérieure est la congélation, par petites quantités. Utiliser le bac à glaçons d'un conservateur, verser dedans le jus de truffes, faire congeler. Attention, pour être correctement congelé, le jus ne doit pas être trop salé. Démouler les glaçons de jus de truffe dès qu'ils sont solidifiés, les emballer immédiatement dans un emballage parfaitement hermétique, leur parfum très puissant migre au travers des sachets pas assez fermés.

Le jus est tout autant parfumé s'il est obtenu à partir de morceaux, de brisures ou de pelures de truffes.

FONDS DE BASE

ATTENTION : ne jamais utiliser de récipient métallique ni d'ustensile en métal ; se servir d'une cuillère en bois pour retourner la viande. Ne jamais saler une marinade.

Avant d'ajouter la marinade dans la préparation culinaire ou pour mouiller un fond de sauce, toujours avoir soin de la filtrer, de la faire bouillir et de la faire flamber pour éliminer l'alcool en atténuant l'acidité dont elle s'est chargée.

MARINADE CRUE

Pour 2,5 l ✕○
Prép. : 20 min

1 carotte / 1 branche de céleri / 1 oignon / 2 échalotes / 2 gousses d'ail / 1 beau bouquet garni / Quelques grains de poivre noir / 1 clou de girofle / 4 ou 5 baies de genièvre / 2 bouteilles de bon vin rouge / 2,5 dl de vinaigre de vin / 2 dl d'huile.

Éplucher les légumes, les émincer. Garder les gousses d'ail entières.

Dans un récipient en porcelaine, en terre ou en verre (jamais de métal) assez grand pour contenir la (les) pièce(s) à mariner, déposer au fond la moitié des éléments de la garniture. Poser dessus la pièce à mariner, recouvrir du reste des ingrédients. Verser par-dessus le vin et le vinaigre. Finir avec l'huile, qui, en restant à la surface, servira de couche protectrice.

Laisser mariner au frais en retournant régulièrement la pièce en traitement.

LES MARINADES

De plusieurs sortes, les marinades tendent au même but :

— donner aux aliments les parfums des aromates qui les composent ;
— attendrir la fibre des masses musculaires ;
— permettre une certaine conservation des denrées en les acidifiant ;
— compléter le mouillement des préparations culinaires.

Dans le cas de petites pièces, portions individuelles à griller, par exemple, la marinade est dite « instantanée », assez parfumée et relevée pour communiquer rapidement ses saveurs et ses parfums.

MARINADE POUR VIANDES BLANCHES

Pour 4 portions ✕○
Prép. : 8 min
Marinade : 1 h au minimum

200 g de tomate fraîche mûre à point / 2 dl de vin blanc sec / 2 dl d'huile d'olive / 2 cuil. à soupe de fines herbes hachées (persil, cerfeuil, estragon, ciboulette).

Ébouillanter la tomate pour l'éplucher, retirer les graines, hacher la pulpe.

Réunir ensemble tous les ingrédients, bien mélanger, en arroser les morceaux à cuire. Les laisser s'imprégner en les retournant de temps en temps.

MARINADE POUR VIANDES ROUGES

Pour 4 portions ✕○
Prép. : 5 min
Marinade : 1 h au minimum

1 échalote / 2 gousses d'ail / 2 dl de vin blanc sec / 1 dl de vinaigre de vin blanc (ou d'alcool) / 1 dl d'huile d'olive / 1 brindille de thym pulvérisée / 1 feuille de laurier pulvérisée.

Hacher finement l'échalote et l'ail, réunir tous les éléments.

Arroser les morceaux de viande et les laisser s'imprégner en les retournant de temps en temps.

MARINADE INSTANTANÉE POUR POISSONS

Pour 4 portions   ✕○
Prép. : 3 min
Marinade : 1 h au minimum

Le jus de 2 citrons / 2 dl d'huile d'olive / 1 brindille de thym / 1 feuille de laurier / 1 brindille de romarin.

Mélanger le jus de citron et l'huile, émietter dedans les aromates.

Ranger les poissons (entiers, en filets… ou en morceaux) dans un plat ou une assiette creuse, les arroser avec la marinade. Les laisser s'imprégner en retournant de temps en temps.

Bien laisser égoutter le poisson avant de le mettre en cuisson. S'il est destiné à être grillé, utiliser la marinade en cours de cuisson pour l'arroser.

MARINADE CARAÏBES
pour viandes blanches à griller

Pour 4 portions   ✕○
Prép. : 3 min
Marinade : 1 h au minimum

1 gousse d'ail / 2 petits piments oiseaux (piment de Cayenne) / 1 brindille de thym / 1 feuille de laurier / Le jus de 1 citron / 1 dl d'huile d'olive / 50 g de purée de tomates / 5 cl de rhum blanc / 1 cuil. à café de harissa.

Piler au mortier l'ail épluché et dégermé, les piments, le thym et le laurier. Ajouter le jus de citron et tous les ingrédients. Mélanger intimement.

Badigeonner les morceaux à cuire à l'aide d'un pinceau et les laisser mariner pendant une bonne heure.

Cette préparation pimentée perd de sa violence à la cuisson.

MARINADE TEXANE
pour viandes rouges (bœuf, mouton) et pour volailles

Pour 4 portions   ✕○
Prép. : 3 min
Marinade : 1 h au minimum

Le jus de 1 citron / 1 dl d'huile d'olive / 1 dl de ketchup / Une bonne pincée de piment de Cayenne en poudre.

Mélanger soigneusement le jus de citron et les différents ingrédients.

Badigeonner les morceaux à cuire d'un pinceau et laisser mariner pendant 1 heure au moins.

Badigeonner encore les morceaux en cours de cuisson avec la marinade restante.

MARINADE CUITE AU VIN BLANC

Pour 2 l   ✕○
Prép. : 20 min
Cuiss. : 30 min

1 carotte / 1 branche de céleri / 1 oignon / 2 échalotes / 2 cuil. d'huile / 2 gousses d'ail / 1 bouquet garni / 1,5 l de vin blanc sec / 2 dl de vinaigre d'alcool (ou de vin blanc) / Quelques grains de poivre noir / 1 clou de girofle.

Éplucher les légumes, les émincer.

Chauffer l'huile dans une casserole, y faire revenir les légumes en les colorant légèrement. Ajouter les gousses d'ail à la fin.

Mouiller avec le vin et le vinaigre, assaisonner (ne jamais saler). Laisser cuire 30 minutes.

Passer à la passoire fine et refroidir entièrement avant d'utiliser pour y immerger le morceau de viande à mariner.

LES GRANDES SAUCES DE BASE

Dites aussi « sauces mères », elles sont réalisées à partir de fonds de veau, de volaille, de poisson ou de crustacés, mais aussi à partir de lait, d'eau ou de bouillon et encore, pour les sauces émulsionnées, de corps gras liquides.

Elles sont pratiquement à l'origine de toutes les sauces de la cuisine française.

GRANDES SAUCES
DE BASE

SAUCE ESPAGNOLE

Pour 1 l   ✗◯
Prép. : 20 min
Cuisson : 2 h

150 g de carotte
1 oignon moyen
100 g de lard maigre salé
2 dl de vin blanc sec
1,5 l de fond de veau brun
(p. 26)
1 roux brun confectionné
avec 50 g de beurre et 50 g de
farine (p. 12)
400 g de tomates fraîches
2 cuil. à soupe de concentré
de tomates
1 bouquet garni.

Éplucher la carotte et l'oignon, les couper en mirepoix. Couper le lard en petits lardons.

Dans une casserole, faire rissoler les lardons, ajouter la mirepoix, laisser rissoler en remuant. Déglacer avec le vin blanc, laisser réduire de moitié.

Verser le fond de veau, porter à ébullition, écumer soigneusement.

Lier en plein feu avec le roux, fouetter énergiquement.

Ajouter les tomates coupées en quartiers, le concentré de tomates et le bouquet garni. Laisser cuire à petits bouillons pendant 1 heure 30 minutes en dépouillant et en dégraissant autant que nécessaire.

Passer la sauce obtenue à travers un chinois fin en pressant vigoureusement pour exprimer tout le liquide.

Réserver cette sauce au froid.

SAUCE DEMI-GLACE

La sauce demi-glace est la sauce espagnole parvenue à son extrême degré de qualité : concentration des saveurs, limpidité, brillance et consistance proches de la perfection. Elle peut être enrichie, au dernier moment, d'un petit verre de vin de Madère bien sec par litre de sauce.

Pour 1 l
Prép. : 10 min
Cuisson : 1 h

✗⚪

GRANDES SAUCES
DE BASE

200 g de carottes et oignons
coupés en mirepoix
1 cuil. à soupe d'huile
1,5 l de fond de veau brun
non lié (p. 26)
50 g de fécule
1 dl de vin blanc sec.

Faire étuver la mirepoix dans l'huile chaude pendant quelques instants, ajouter le fond de veau, laisser cuire et réduire pendant 50 minutes en écumant et en dépouillant fréquemment.

Délayer la fécule dans le vin blanc. Verser cette préparation dans le fond bouillant en remuant. Procéder en plusieurs fois.

L'épaississement maximum de la fécule intervient après une bonne reprise de l'ébullition. Si la consistance voulue n'est pas atteinte, il est facile de rajouter un peu du mélange fécule/vin blanc.

Passer le fond lié au chinois fin en pressant pour recueillir tout le liquide.

S'il n'est pas utilisé immédiatement, cette base doit être très rapidement refroidie et être conservée au froid avant une utilisation rapide.

Selon qu'on utilise, pour délayer la fécule, du vin blanc, du vin rouge, du madère ou du porto, la destination de ce fond lié sera évidemment en rapport avec le vin choisi : sauce au vin blanc ou au vin rouge, sauce madère ou sauce porto.

Pour 1 l
Prép. : 6 min
Cuisson : 20 min

VELOUTÉ DE POISSON

Un roux blanc confectionné avec 60 g de beurre et 60 g de farine (p. 12)
1 l de fumet de poisson (p. 22).

C'est ici le fumet de poisson qui sert de mouillement, pour une préparation identique, mais la cuisson est bien plus courte.

Cuit trop longuement, le fumet de poisson devient amer.

Pour 1 l
Prép. : 6 min
Cuisson : 1 h 30 min

VELOUTÉ DE VOLAILLE, DE VEAU

Un roux blanc confectionné avec 60 g de beurre et 60 g de farine (p. 12)
1,5 l de fond blanc de volaille (p. 25) ou de veau (p. 25).

Confectionner le roux comme il est dit p. 12. Le mouiller avec le fond de volaille ou de veau en respectant impérativement les conseils de la p. 12 : «un des éléments chaud, l'autre, froid».

Délayer soigneusement pour obtenir une sauce bien lisse. Faire bouillir en remuant, tenir le velouté à ébullition lente et régulière. Dépouiller et dégraisser avec soin.

Dès qu'il est à point, passer le velouté au chinois fin dans un récipient propre.

GRANDES SAUCES
DE BASE

Pour 1 l	✗✗ ◯◯
Prép. : 5 min	
Cuisson : 20 min	

*1 l de velouté de volaille
(p. 35)
2 dl de crème fluide
50 g de beurre fin
1 cuil. à café de jus de citron.*

SAUCE SUPRÊME

Porter le velouté à ébullition, lui ajouter la crème petit à petit, en plein feu, sans rompre l'ébullition et sans cesser de remuer (1).

Lorsque toute la crème est absorbée et qu'en même temps l'ébullition a fait évaporer la quantité d'eau nécessaire, ajouter le beurre par petits morceaux, sans cesser de fouetter (2).

Rectifier l'assaisonnement si nécessaire et aciduler avec le jus de citron.

C'est le velouté de volaille monté à la crème. Il doit être «d'une extrême blancheur et d'une très grande délicatesse».

1   2

NE PAS HÉSITER À ACIDIFIER UNE SAUCE

Les sauces, aujourd'hui, n'ont plus la même raison d'être. Si elles servaient parfois à masquer les imperfections d'un mets — manque de fraîcheur, séjour au réfrigérateur prolongé… — en baignant les aliments plus qu'en les accompagnant, ce n'est plus le cas aujourd'hui.

Les progrès techniques depuis la production des denrées, leur transport, leur utilisation jusqu'à la maîtrise, au degré près, de leur cuisson font que, souvent, l'aliment se suffit à lui-même.

Il convient de donner rondeur, souplesse, onctuosité à la sauce pour qu'elle apporte encore plus de caractère au plat qu'elle accompagne. L'acidité d'un jus de citron, ou de quelques gouttes de vinaigre, intervient pour marquer le caractère, donner du relief, exprimer la touche personnelle de l'exécutant.

Pour 1 l
Prép. : 6 min
Cuisson : 1 h 30 min

VELOUTÉ OU « SAUCE BLANCHE » GRASSE

Un roux blanc confectionné avec 60 g de beurre et 60 g de farine (p. 12)
1,5 l de fond blanc de veau clair (p. 25).

Confectionner le roux comme il est dit p. 12. Le mouiller avec le fond en respectant impérativement les conseils de la p. 12 : « un des éléments chaud, l'autre, froid ».

Délayer soigneusement pour obtenir une sauce bien lisse. Faire bouillir en remuant, tenir le velouté à ébullition lente et régulière. Dépouiller et dégraisser avec soin.

Dès qu'il est à point, passer le velouté au chinois fin dans un récipient propre.

Pour 1 l
Prép. : 5 min
Cuisson : 10 min

SAUCE ALLEMANDE

3/4 de l de velouté (de veau ou de volaille selon la destination finale de la sauce) (p. 35)
4 jaunes d'œufs
1 dl de cuisson de champignons
Le jus de 1/2 citron
Muscade
Sel, poivre.

Porter le velouté à ébullition.

Délayer soigneusement à l'aide d'un fouet les jaunes d'œufs avec la cuisson de champignons froide. Assaisonner.

Verser ce mélange dans le velouté bouillant, fouetter énergiquement, monter en température sans faire bouillir.

Juste avant que l'ébullition soit atteinte, retirer du feu et ajouter le jus du demi-citron pour arrêter la cuisson en fouettant pendant quelques instants pour faire diminuer la chaleur.

Épaissi avec de la farine (le roux) le velouté lié aux jaunes d'œufs supporte l'ébullition.

Dans le cas où cette sauce allemande est utilisée directement, elle peut bouillir ; en revanche, si elle est destinée à la confection d'une « sauce dérivée », en sachant qu'elle va encore cuire et réduire, il est préférable de ne pas la faire bouillir immédiatement.

C'est un velouté de base lié aux jaunes d'œufs.

GRANDES SAUCES
DE BASE

| Pour 1 l de sauce ✕○ |
| Prép. : 5 min |
| Cuisson : 15 min |

SAUCE BÉCHAMEL

60 g de beurre
60 g de farine
1 l de lait
Muscade
Sel, poivre.

Confectionner un roux blanc avec le beurre et la farine (p. 12).
Verser dessus le lait en délayant soigneusement à l'aide d'un fouet. Porter à ébullition, sans cesser de remuer. Continuer la cuisson pendant 5 minutes en remuant régulièrement. Assaisonner.

Initialement, la sauce Béchamel était confectionnée à partir de viande de veau coupée en petits dés, étuvée au beurre avec de l'oignon haché et une garniture aromatique cuits longuement dans du lait, liée au roux et passée.

Cette méthode, pratiquement disparue, est remplacée par la réalisation directe et rapide indiquée ci-dessus.

| Pour 1/2 l ✕○ |
| Prép. : 15 min |
| Cuisson : 45 min |

SAUCE TOMATE
(concentré de tomates)

150 g de carottes
150 g d'oignons
2 gousses d'ail
1 cuil. à soupe d'huile
50 g de lard de poitrine salée coupé en cubes
50 g de concentré de tomates
30 g de farine
1 bouquet garni
1 morceau de sucre
Sel, poivre.

Laver, nettoyer et éplucher les carottes et les oignons. Les couper en dés. Éplucher les gousses d'ail.

Faire chauffer l'huile dans une casserole. Y faire rissoler les cubes de lard, ajouter carottes et oignons, laisser rissoler légèrement en remuant régulièrement.

Ajouter le concentré de tomates et la farine, mélanger soigneusement, poser un couvercle et mettre la casserole couverte au four à 220 °C (th. 7-8) pendant 10 minutes.

Remuer encore, mouiller avec 1/2 l d'eau froide, délayer, faire partir l'ébullition. Ajouter le bouquet garni, les gousses d'ail et les assaisonnements. Laisser cuire doucement pendant 30 minutes.

Passer la sauce au chinois fin en pressant fortement. Rectifier l'assaisonnement si nécessaire.

SAUCE TOMATE
(tomates fraîches)

1,500 kg de tomates mûres à point
5 cl d'huile d'olive
2 oignons hachés
3 gousses d'ail écrasées
1 gros bouquet garni
2 carottes
Sel, poivre.

Laver, égoutter les tomates. Les couper en deux, les presser pour en extraire les graines.

Verser l'huile dans une casserole assez grande, y faire étuver les oignons sans les laisser colorer. Ajouter les tomates et l'ail, faire partir l'ébullition, adjoindre le bouquet garni.

Éplucher les carottes, les couper finement, les ajouter aux tomates. Saler et poivrer. Laisser cuire à feu doux pendant 20 minutes.

Passer le tout au moulin à légumes garni d'une grille fine. Poursuivre la cuisson encore 30 minutes. Rectifier l'assaisonnement.

Selon la variété ou la saison de maturation, les tomates sont plus ou moins acides. Un morceau de sucre suffit souvent pour neutraliser une acidité excessive.

GRANDES SAUCES DE BASE

4 pers.
Prép. : 3 min

SAUCE VINAIGRETTE

1 cuil. à soupe de vinaigre
3 cuil. à soupe d'huile
« assaisonnement »
Sel, poivre du moulin.

Mettre le sel et le poivre dans un bol ou un saladier. Verser dessus le vinaigre, remuer soigneusement.

Ajouter l'huile sans cesser de remuer, la sauce est prête.

De son nom générique, la vinaigrette est faite avec du vinaigre !

On peut varier les qualités de vinaigre : vinaigre de vin rouge, de vin blanc, de Xérès, de cidre, de bière, aromatisé à la framboise, au cassis, à l'échalote, etc.

Et encore, en remplaçant l'acidité du vinaigre par un autre élément acide, on obtiendra une « vinaigrette » au citron, au citron vert, au vert-jus…

Les résultats seront encore différents en utilisant d'autres huiles : d'olive, de noix ou de noisettes, de pépins de raisin ou même des huiles parfumées, à la truffe… à la vanille. On peut aussi ajouter de la moutarde et cette sauce élémentaire devient « vinaigrette à la moutarde de Dijon, à l'ancienne, à la violette… ».

La seule vérité réside dans la préparation de base : toujours faire fondre le sel dans le vinaigre avant d'ajouter l'huile (le sel ne fond pas dans l'huile) et respecter les proportions : une quantité de vinaigre (une cuillerée, une louche, un bidon…) pour trois quantités d'huile (trois cuillerées, trois louches, trois bidons…).

MAYONNAISE

1 jaune d'œuf
1 cuil. à café de moutarde
1 cuil. à café de vinaigre
1/4 l d'huile (arachide,
tournesol, olive…)
Sel, poivre du moulin.

Réunir dans un bol le jaune d'œuf, la moutarde, le vinaigre, le sel et le poivre. Mélanger avec un petit fouet (1).

Verser l'huile petit à petit sans cesser de remuer vivement à l'aide d'un fouet (2). Rectifier l'assaisonnement si nécessaire.

Préparation type pour une sauce émulsionnée froide.

1

2

La réussite d'une mayonnaise tient à peu de choses. Tous les ingrédients doivent être à la même température, celle de la cuisine, entre 20 et 25 °C.

Les mouvements donnés au fouet doivent avoir une agitation constante. L'huile doit être incorporée petit à petit, surtout au début de l'opération.

Lorsque l'on prépare plus d'un quart de litre de mayonnaise, ajouter la quantité de vinaigre petit à petit, entre chaque adjonction d'huile, pour détendre la masse (le vinaigre peut être remplacé par du jus de citron).

Pour cette préparation, les œufs restent crus, tout au plus subissent-ils une « semi-coagulation » due à la présence de vinaigre. De ce fait, pour des raisons évidentes d'hygiène et de sécurité alimentaire, la sauce doit être confectionnée juste au moment du repas et en quantité suffisante pour qu'il n'en reste pas.

La mayonnaise ne se conserve pas, même pas au réfrigérateur (l'huile fige au froid).

GRANDES SAUCES DE BASE

SAUCE HOLLANDAISE

150 g de beurre
Le jus de 1/2 citron
3 jaunes d'œufs
Sel, poivre.

Faire fondre le beurre dans une petite casserole, le laisser clarifier : en chauffant, les différents composants du beurre se séparent, la caséine remonte à la surface, le petit-lait (l'eau) reste au fond. Écumer le beurre pour ne conserver que la partie grasse (1).

Mettre le jus du demi-citron et 1 cuillerée à soupe d'eau froide dans une casserole, ajouter les jaunes d'œufs, mélanger à l'aide d'un fouet. Poser la casserole sur un feu doux ou au bain-marie, dans une autre casserole contenant de l'eau chaude. Fouetter énergiquement les jaunes d'œufs jusqu'à ce que le mélange chauffe, subisse un début de coagulation, épaississe et devienne crémeux (2).

Retirer la casserole de la source de chaleur et, sans cesser de fouetter, ajouter le beurre fondu clarifié chaud, petit à petit (3). Ne pas verser le petit-lait qui reste au fond de la casserole, il liquifierait la sauce.

Préparation type pour une sauce émulsionnée chaude.

Attention à la température
La préparation ne doit jamais dépasser + 65 °C ni ne jamais refroidir. L'élévation de température de la masse n'est pas suffisante pour assurer une hygiène rigoureuse. Il convient donc de préparer uniquement la quantité de sauce nécessaire, au moment le plus rapproché du repas. Trop chauds, les œufs cuisent, ils deviennent « œufs brouillés », ils se dissocient du beurre, la sauce tourne. Trop froid, le beurre fige, se solidifie, se dissocie des œufs et, en réchauffant, la sauce va également tourner.

1

2

3

POUR RATTRAPER UNE SAUCE ÉMULSIONNÉE QUI TOURNE

Mayonnaise : mettre une cuillerée de moutarde dans un récipient propre, ajouter un filet de vinaigre, verser dessus la mayonnaise «tournée» liquéfiée petit à petit, en fouettant énergiquement.

Pour une quantité importante de sauce — 1 litre et plus — il est nécessaire d'ajouter un ou deux jaunes d'œufs et un peu d'eau chaude si l'huile était trop froide.

Hollandaise et toutes sauces émulsionnées trop chaudes : mettre une bonne cuillerée à soupe d'eau froide dans une petite casserole, verser dessus petit à petit la sauce «tournée» liquéfiée, en fouettant énergiquement.

Si la sauce hollandaise a eu froid, il est préférable de la refaire chauffer, sans excès, pour la rattraper comme ci-dessus.

LES SAUCES BRUNES

SAUCES BRUNES

SAUCE BIGARADE

Pour 1/2 l	✗✗○
Prép. : 20 min	
Cuisson : 30 min	

60 g de sucre en poudre
5 cl de vinaigre de vin
2 oranges
1 citron
1/2 l de fond brun lié (p. 34)
5 cl de liqueur à l'orange
Sel, poivre du moulin.

Cuire le sucre à sec pour obtenir un caramel blond, le déglacer avec le vinaigre, laisser réduire de moitié.

Laver les oranges et le citron. Prélever l'écorce — le zeste — d'une orange et du citron à l'aide d'un couteau éplucheur (couteau économe).

Presser le jus des 2 oranges et du citron, l'ajouter dans le caramel au vinaigre, laisser réduire en plein feu encore de moitié.

Couper les zestes d'orange et de citron en fine julienne ; les blanchir à l'eau bouillante pendant 2 minutes, les rafraîchir, les rincer, les égoutter.

Verser le fond brun dans le caramel à l'orange réduit, laisser cuire l'ensemble pour ramener le volume à 1/2 litre. Verser la liqueur, ajouter les zestes blanchis, rectifier l'assaisonnement.

Pour canard et autres volailles à chair noire.
Traditionnellement réalisée avec des agrumes, la sauce bigarade accompagne le canard à l'orange, mais peut devenir bigarade au pamplemousse (blanc ou rosé), bigarade à la mandarine ou au kumquat, à la bergamote... suivant l'agrume utilisé.

SAUCES BRUNES

Pour 1/2 l	✗O
Prép. : 5 min	
Cuisson : 10 min	

SAUCE BORDELAISE

2 dl de bon vin rouge
50 g d'échalote grise hachée
10 grains de poivre noir écrasés
1 pincée de fleur de thym
1 petite feuille de laurier pulvérisée
5 dl de sauce demi-glace (p. 32)
Sel, poivre du moulin.

Réunir dans une casserole le vin, les échalotes et les assaisonnements. Faire bouillir vivement pour faire réduire pratiquement à sec.

Mouiller avec la demi-glace, porter à ébullition, passer à la passoire fine. Rectifier l'assaisonnement si nécessaire.

Pour grillades de viandes rouges.

POUR RÉALISER UNE SAUCE, NE JAMAIS NÉGLIGER LA QUALITÉ DU VIN UTILISÉ

Un « mauvais » vin blanc donne trop d'acidité à la sauce et peut lui conférer une teinte grisâtre. Un vin rouge « ordinaire » risque de « casser » à la cuisson, il va prendre une vilaine couleur brun sale.

Pour bien marier son acidité aux divers composants d'une préparation culinaire et pour supporter sans dommage une cuisson parfois prolongée, le vin doit être de bonne qualité ; ou alors plutôt ne pas en utiliser…

Pour 1/2 l	✗✗O
Prép. : 20 min	
Cuisson : 30 min	

SAUCE CHARCUTIÈRE

100 g d'oignons hachés
20 g de beurre
2 dl de vin blanc sec
1 dl de vinaigre de vin
4 dl de sauce demi-glace (p. 32)
60 g de cornichons au vinaigre
2 cuil. à soupe de moutarde
Sel, poivre du moulin.

Faire étuver les oignons hachés dans le beurre chaud en remuant régulièrement sans les laisser colorer. Mouiller avec le vin blanc et le vinaigre, laisser réduire de moitié.

Ajouter la demi-glace, cuire quelques minutes, passer à la passoire fine en pressant pour recueillir toute la sauce. Rectifier l'assaisonnement.

Couper les cornichons en julienne.

Mélanger la moutarde dans la sauce bouillante, arrêter immédiatement l'ébullition (la sauce ne doit plus bouillir).

Ajouter les cornichons au moment de servir.

Pour pièces de porc grillées ou sautées.

Pour 1/2 l
Prép. : 15 min
Cuisson : 15 min
XXO

SAUCE CHASSEUR

100 g de gros champignons de
Paris
50 g de beurre
30 g d'échalote hachée
1 dl de vin blanc sec
5 cl de cognac
4 dl de sauce demi-glace
(p. 32)
1 cuil. à soupe de persil et
d'estragon hachés
Sel, poivre du moulin.

Nettoyer, sécher, émincer les champignons. Les faire cuire et rissoler dans 20 g de beurre chaud. Ajouter l'échalote, laisser étuver quelques instants.

Déglacer avec le vin blanc, arroser avec le cognac. Faire flamber, laisser réduire quelques instants.

Verser la sauce demi-glace, porter à ébullition, rectifier l'assaisonnement. Monter la sauce au beurre en y incorporant les 30 g de beurre non utilisés en remuant sans briser les champignons.

Ajouter les fines herbes hachées au dernier moment.

Pour poulet ou volailles blanches sautés.

Pour 1/2 l
Prép. : 20 min
Cuisson : 30 min
XX OO

SAUCE CHEVREUIL

80 g de carotte
80 g d'oignon
50 g de céleri boule
1 gousse d'ail
300 g de parures de gibier (à
poils : chevreuil, marcassin…)
1 cuil. à soupe d'huile
1/4 l de bon vin rouge de
Bourgogne
4 dl de sauce poivrade (p. 48)
Sel, poivre de Cayenne.

Couper la carotte, l'oignon et le céleri en fine brunoise. Écraser la gousse d'ail, concasser les parures de gibier.

Faire rissoler à l'huile l'ensemble dans une poêle en remuant régulièrement pour obtenir une belle couleur brun doré. Déglacer avec le vin rouge, laisser réduire de moitié.

Verser la totalité de la préparation dans une casserole, ajouter la sauce poivrade, porter à ébullition. Dépouiller et dégraisser soigneusement.

Passer à la passoire fine en appuyant fortement pour recueillir tout le liquide. Rectifier l'assaisonnement en insistant légèrement sur le poivre de Cayenne.

Pour noisettes, côtelettes de gibier sautées.

SAUCES BRUNES

Pour 1/2 l	✗○
Prép. : 10 min	
Cuisson : 20 min	

30 g d'échalote hachée
50 g de pieds de champignons
(ou d'épluchures) hachés
1 dl de vin blanc sec
Une pincée de fleur de thym
1/2 feuille de laurier émiettée
1/2 l de fond de veau brun lié
(p. 34)
30 g de beurre
1 cuil. à soupe de persil et
d'estragon hachés
Sel, poivre du moulin.

SAUCE CHATEAUBRIAND

Faire réduire l'échalote et les champignons avec le vin blanc, le thym et le laurier. Mouiller avec le fond brun de veau. Cuire à consistance. Rectifier l'assaisonnement.
Monter au beurre, ajouter les fines herbes hachées.

Pour grillades de viandes blanches (veau, volailles…).

Pour 1/2 l	✗✗ ○○
Prép. : 10 min	
Cuisson : 30 min	

100 g d'oignons
80 g de carottes
3 gousses d'ail
30 g de tiges de persil
12 grains de poivre noir
1 cuil. à soupe d'huile
1 dl de vinaigre de vin vieux
1 dl de marinade de la viande
en traitement
1/2 l de demi-glace (p. 32)
1 bouquet garni
Sel, poivre.

SAUCE POIVRADE

Couper la garniture aromatique en mirepoix ; écraser les grains de poivre ; faire étuver l'ensemble dans l'huile chaude, sans laisser colorer. Mouiller avec le vinaigre et la marinade, faire réduire presque à sec.
Ajouter la demi-glace et le bouquet garni. Porter à ébullition, laisser cuire et réduire pour obtenir la quantité de sauce désirée. Passer au chinois fin en pressant fortement. Rectifier l'assaisonnement.

Pour viandes rouges marinées.

<table>
<tr><td>Pour 1/2 l
Prép. : 10 min
Cuisson : 20 min</td><td></td></tr>
</table>

SAUCE DIABLE

60 g d'échalote hachée
1 dl de vinaigre de vin de
Xérès
5 dl de sauce demi-glace
tomatée (p. 32)
Quelques gouttes de Tabasco
Sel, poivre, poivre de Cayenne.

Faire réduire à sec les échalotes avec le vinaigre. Mouiller avec la demi-glace, porter à ébullition, assaisonner et relever de poivre, de poivre de Cayenne et de Tabasco.

Sans être trop agressive, cette sauce doit réchauffer sans brûler.

Pour poulet grillé.

Pour 1/2 l
Prép. : 3 min
Cuisson : 10 min

SAUCE DIANE

1/2 l de sauce poivrade (p. 48)
1 dl de crème fraîche.

Porter la sauce poivrade à ébullition. Lui incorporer, en plein feu, petit à petit, la crème, sans rompre l'ébullition.

La sauce est à point lorsque son volume est ramené à la quantité nécessaire par évaporation et que la crème, ajoutée petit à petit, s'est émulsionnée en donnant brillant et rondeur.

Pour gibier.

Pour 1/2 l
Prép. : 10 min
Cuisson : 40 min

SAUCE COLBERT

1/2 l de fond brun non lié
(p. 26)
200 g de beurre frais
1 cuil. à soupe bien pleine
d'estragon haché
Sel, poivre du moulin.

Mettre le fond à bouillir et le réduire d'un bon tiers pour obtenir une « glace de viande » légère. Incorporer petit à petit le beurre bien froid divisé en petits morceaux, tout en fouettant énergiquement pour émulsionner la sauce.

Rectifier l'assaisonnement et ajouter l'estragon haché au dernier moment.

Pour grillades de viandes rouges.

SAUCES BRUNES

SAUCE AUX FINES HERBES

Pour 1/2 l
Prép. : 10 min
Cuisson : 15 min

---

1 bottillon de persil
1 bottillon de cerfeuil
Autant de ciboulette et
d'estragon
1 dl de vin blanc sec
1/2 l de sauce demi-glace
(p. 32)
Le jus de 1/2 citron
Sel, poivre du moulin.

Nettoyer, laver, sécher les fines herbes. Les hacher ensemble pour en obtenir 4 cuillerées à soupe.

Porter le vin blanc à ébullition, plonger dedans 3 cuillerées de fines herbes, couvrir et laisser infuser 5 minutes.

Porter la demi-glace à ébullition, verser dedans le vin blanc en le passant à la passoire fine. Faire bouillir vivement pour évaporer le liquide et ramener le volume de sauce à 1/2 litre. Rectifier l'assaisonnement, aciduler avec le jus de citron, ajouter les fines herbes réservées au moment de l'emploi.

Pour abats bruns braisés, langue de bœuf...

SAUCE GRAND VENEUR ou SAUCE VENAISON

Pour 1/2 l
Prép. : 5 min
Cuisson : 10 min

1/2 l de sauce poivrade (p. 48)
1 dl de crème fraîche
2 cuil. à soupe de gelée de
groseille
Sel, poivre du moulin.

Porter la sauce poivrade à ébullition. Lui incorporer la crème, petit à petit, sans rompre l'ébullition. Ramener à la consistance désirée.

Mélanger la gelée de groseille au moment de l'emploi.

Pour gibiers, viandes marinées.

SAUCE FINANCIÈRE

Pour 1/2 l
Prép. : 2 min
Cuisson : 5 min

4,5 dl de sauce madère (p. 54)
1/2 dl d'essence de truffe.

Porter la sauce madère à ébullition, verser dedans l'essence de truffe. Mélanger.

Pour ris de veau, abats bruns braisés.

Pour 1/2 l
Prép. : 20 min
Cuisson : 35 min

DUXELLES

100 g d'oignons hachés
40 g de beurre
1 dl de vin blanc sec
2,5 dl de demi-glace (p. 32)
2,5 dl de sauce tomate
(p. 38-39)
250 g de champignons de
Paris
Le jus de 1/2 citron
1 cuil. à soupe de persil haché
Sel, poivre du moulin.

Faire étuver les oignons dans 20 g de beurre chaud sans les laisser colorer. Déglacer avec le vin blanc, mouiller avec la demi-glace et la sauce tomate, cuire et laisser réduire.

Nettoyer, laver rapidement, éponger les champignons, les sécher soigneusement. Hacher les champignons, les arroser avec le jus du demi-citron. Les faire cuire dans le reste de beurre chaud en remuant jusqu'à complète évaporation de leur eau de végétation. Saler, poivrer, ajouter le persil haché.

Lorsque la sauce est suffisamment réduite, mélanger dedans la duxelles de champignons, rectifier l'assaisonnement si nécessaire.

Pour porc, volailles et viandes blanches.

Pour 100 g
Prép. : 15 min
Cuisson : 20 min

DUXELLES SÈCHE

250 g de champignons de
Paris bien blancs
Le jus de 1/2 citron
20 g d'échalote grise hachée
15 g de beurre
Sel, poivre du moulin.

Nettoyer, laver rapidement, égoutter et sécher les champignons. Les hacher, les arroser de jus de citron.

Faire étuver l'échalote hachée dans le beurre, remuer, ajouter le hachis de champignons. Mélanger soigneusement. Cuire jusqu'à évaporation totale de l'eau de végétation des champignons, saler, poivrer.

Si cette duxelles est destinée à farcir des légumes ou à agrémenter des farces de viandes ou de poissons, elle peut être additionnée de jambon haché, de purée de tomates, de fines herbes hachées... selon les cas.

Pour réaliser de la duxelles, on peut utiliser des champignons entiers mais, si les têtes de champignons sont destinées à une garniture, les pieds, à condition qu'ils soient bien blancs et bien fermes, servent à la confection de la duxelles.

SAUCES   BRUNES

JUS DE RÔTI

Utilisé en petites quantités — 1 à 2 cuillerées à soupe par portion —, un jus de rôti est obtenu par le déglaçage de la plaque dans laquelle a cuit le rôti ou celui de la lèchefrite si la viande a été cuite à la broche, en respectant des principes techniques immuables.

- **Laisser pincer les sucs** (1) : en cuisant, la pièce de viande, de volaille… laisse échapper du liquide mêlé de sang, même si l'on prend la précaution de ne pas se servir d'une fourchette pour ne pas perforer la chair en retournant le morceau, même si on sale seulement en cours de cuisson ou en fin de cuisson. Ces sucs, qui se déposent dans l'ustensile de cuisson, doivent être caramélisés, rôtis.

- **Dégraisser** (2) : lorsque les sucs sont bien caramélisés, déposés et collés au fond de la plaque de cuisson, il suffit de la pencher pour laisser le gras s'écouler. Dans bien des cas, cette graisse peut être récupérée, si elle est de bonne qualité et si elle n'a pas brûlé, pour assaisonner des légumes, par exemple.

- **Déglacer** (3) : verser dans le récipient de cuisson bien chaud une quantité de liquide en rapport avec l'aliment cuit : fond blanc de volaille pour du poulet rôti, consommé simple pour du rôti de bœuf… sur la base de 1 à 2 cuillerées à soupe de jus terminé par portion.
Sachant que ce jus doit réduire suffisamment pour avoir la sapidité recherchée — en principe de moitié —, le calcul est simple : pour un poulet rôti de 4 portions, on a besoin de 8 cuillerées à soupe de jus. Donc, il faut déglacer avec 16 cuillerées à soupe de bouillon, soit environ 1/4 de litre.
Le fond utilisé doit être de bonne qualité, sinon il vaut mieux utiliser de l'eau.
Ce liquide versé dans le récipient très chaud va permettre de dissoudre les sucs caramélisés au fond en remuant et en raclant avec une spatule pour décoller soigneusement toutes les parcelles attachées.

- **Réduire** (4) : poursuivre la cuisson en plein feu pour faire évaporer le liquide et concentrer le jus au volume désiré, ayant le goût franc et net de la viande en traitement.

- **Assaisonner, passer** (5) : après avoir vérifié l'assaisonnement, le jus est passé au travers d'une passoire fine, directement dans une saucière chauffée.

Ainsi confectionné, le jus de rôti suffit à l'accompagnement de toute viande, blanche ou rouge, rôti au four ou à la broche. Il convient aussi aux viandes juste sautées à la poêle. Il doit simplement être versé à côté du morceau qu'il accompagne.
On ne verse jamais de jus sur une tranche de viande rouge tenue saignante.
Pour certaines préparations, la saveur originelle du jus peut être complétée par des ingrédients typiques de la préparation. Par exemple une branche d'estragon infusée dans le jus du poulet rôti pour obtenir un «jus à l'estragon», quelques gousses d'ail rissolées dans la plaque en même temps que rôtit un carré d'agneau et écrasées dans le jus, qui devient «jus à l'ail», une brindille de thym, une autre de romarin, des herbes de Provence pour accompagner le jus d'un gigot, ou d'une selle, ou d'une épaule d'agneau pour un «jus aux herbes».

1

2

3

4

5

SAUCE ITALIENNE

Pour 1/2 l
Prép. : 5 min
Cuisson : 5 min

5 dl de sauce duxelles (p. 51)
100 g de jambon cuit maigre
coupé en brunoise
2 cuil. à soupe de fines herbes
(persil, cerfeuil, ciboulette,
estragon en quantité égale).

Porter la sauce duxelles à ébullition.
Ajouter le jambon et les fines herbes
en garniture.

Pour pâtes
(spaghettis,
lasagnes…).

SAUCE LYONNAISE

Pour 1/2 l
Prép. : 10 min
Cuisson : 20 min

1 gros oignon haché
20 g de beurre
1 dl de vin blanc sec
1 dl de vinaigre de vin
5 dl de sauce demi-glace
(p. 32)
Sel, poivre du moulin.

Faire étuver l'oignon dans le beurre en le laissant roussir lé-
gèrement. Mouiller avec le vin blanc et le vinaigre. Laisser ré-
duire presque à sec.
Ajouter la sauce demi-glace, laisser cuire quelques instants.
Vérifier l'assaisonnement.
Passer à la passoire fine en pressant fortement.

Pour langue de bœuf, côtes de porc…

SAUCES BRUNES

SAUCE MADÈRE

Pour 1/2 l
Prép. : 2 min
Cuisson : 5 min

✗◯

4 dl de sauce demi-glace
(p. 32)
1 dl de vieux madère.

Porter la demi-glace à ébullition, verser dedans le madère juste au moment de servir.

Pour jambon braisé.
En remplaçant le madère par du porto, on obtient une **sauce porto**.

SAUCE MOSCOVITE

Pour 1/2 l
Prép. : 15 min
Trempage : 15 min
Cuisson : 10 min

✗✗◯◯

30 g de raisins de Corinthe
10 baies de genièvre
5 dl de sauce poivrade (p. 48)
1 cuil. à soupe de pignons de pin
1 dl de vin de Marsala
Sel, poivre du moulin.

Laisser tremper et gonfler les raisins de Corinthe dans de l'eau tiède pendant 15 minutes, les égoutter.

Écraser les baies de genièvre, les ajouter à la sauce poivrade, porter à ébullition, couvrir, laisser infuser 10 minutes hors du feu.

Faire griller rapidement les pignons au four ou dans une poêle antiadhésive bien chaude ; les concasser.

Passer la sauce infusée à la passoire fine, ajouter dedans les raisins, les pignons et le vin de Marsala. Rectifier l'assaisonnement si nécessaire.

Faisan en cocotte, râble de lièvre…

SAUCE PÉRIGOURDINE

Pour 1/2 l
Prép. : 10 min
Cuisson : 5 min

✗◯◯◯

100 g de foie gras d'oie cuit
4 dl de sauce demi-glace
(p. 32)
20 g de truffe cuite coupée en brunoise
Sel, poivre du moulin.

Réduire le foie gras en purée. Porter la demi-glace à ébullition, lui incorporer la purée de foie gras petit à petit, en fouettant pour lui donner brillance et onctuosité.

Ajouter la brunoise de truffe. Laisser infuser 5 minutes hors du feu, mais au chaud, avant de servir.

Pièce de bœuf rôtie, tournedos sautés…
Il n'est pas nécessaire d'utiliser du foie gras entier, celui à 20 % ou à 30 % de morceaux peut très bien faire l'affaire, à condition qu'il soit d'excellente qualité.

SAUCE POIVRE VERT

Pour 1/2 l
Prép. : 10 min
Cuisson : 5 min

5 cl de cognac
5 dl de demi-glace (p. 32)
30 g de beurre
1 cuil. à soupe de grains de
poivre vert frais (ou en
conserve)
Sel, poivre du moulin.

Opérer comme pour un jus en laissant pincer les sucs de l'aliment (canard, autruche…), en dégraissant et en déglaçant avec le cognac.

Flamber, mouiller avec la demi-glace, laisser réduire quelques instants. Rectifier l'assaisonnement si nécessaire.

Passer à la passoire fine, incorporer le beurre petit à petit en fouettant, ajouter à la fin le poivre vert. Ne plus faire bouillir.

Magrets de canard, pavé d'autruche.

SAUCE PIQUANTE

Pour 1/2 l
Prép. : 15 min
Cuisson : 30 min

100 g d'oignons hachés
50 g d'échalote hachée
1,5 dl de vin blanc sec
1,5 dl de vinaigre d'alcool
5 dl de demi-glace (p. 32)
2 cuil. à soupe de cornichon
au vinaigre haché
2 cuil. à soupe de fines herbes
(estragon, ciboulette, cerfeuil,
persil, en même quantité)
hachées
Sel, poivre du moulin.

Mouiller les oignons et l'échalote avec le vin et le vinaigre. Porter à ébullition, faire réduire pratiquement à sec. Ajouter la demi-glace, laisser cuire 5 minutes.

Passer à la passoire fine, rectifier l'assaisonnement.

Garnir avec les cornichons et les fines herbes.

Langue de bœuf, côtes de porc…

SAUCES BRUNES

SAUCE ROUENNAISE

30 g d'échalote grise hachée
2 dl de vin rouge de Chinon
2 dl de sauce bordelaise au
vin rouge (p. 46)
2 dl de fond brun de canard
(p. 27)
200 g de foie cru de canard
Le jus de 1/2 citron
Sel, poivre du moulin.

Mouiller l'échalote avec le vin rouge, faire bouillir pour réduire de moitié. Ajouter la sauce bordelaise et le fond de canard. Faire prendre l'ébullition.

Écraser le foie, le passer au tamis, ajouter cette purée dans la sauce et laisser doucement cuire le foie sans laisser bouillir la sauce.

Passer à la passoire fine en pressant fortement pour recueillir toutes les substances. Assaisonner de haut goût en relevant au poivre fraîchement moulu et marquer l'acidité avec le jus de citron.

Pour canetons et plus spécialement pour canetons dits « au sang à la rouennaise ».

Le canard au sang, spécialité de la région de Rouen, est étouffé pour être tué, il n'est pas saigné. Il convient de lui appliquer immédiatement après l'abattage une réfrigération rapide et continue, jusqu'à la consommation, qui doit intervenir très rapidement (pas plus de 2 à 3 jours) pour éviter tout risque de putréfaction et d'altération dû aux amas sanguins dans les chairs.

Des conditions d'hygiène très poussées et un traitement culinaire très précis sont nécessaires pour garantir un résultat satisfaisant.

Traditionnellement, le canard est rôti vivement, tenu très saignant — on dit « vert-cuit ». Les filets sont prélevés, coupés en fines aiguillettes. Les cuisses retournent en cuisine pour finir de cuire, généralement enduites de moutarde et grillées.

La carcasse est concassée, passée dans une « presse à canard » en argent, et tout le jus obtenu est ajouté dans la sauce rouennaise relevée de quelques gouttes de cognac ou de porto, versée, très chaude, sur les aiguillettes, qui vont subir, ainsi, une fin de cuisson.

SAUCE RÉFORME

2,5 dl de sauce poivrade
(p. 48)
2,5 dl de sauce demi-glace
(p. 32)
1 blanc d'œuf cuit dur
1 gros cornichon au vinaigre
1/2 tranche de jambon cuit
1 grosse tête de champignon
cuite
10 g de truffe (facultatif).

Mélanger les deux sauces, porter à ébullition.

Couper tous les ingrédients de la garniture en julienne, les ajouter dans la sauce au moment de servir.

Pour gibiers.

SAUCE ROMAINE

**Attention : prudence
en déglaçant
du caramel**

*Si l'eau bout, se vaporise
à 100 °C, le caramel at-
teint 175 à 180 °C, lors-
qu'il est brun clair. Dès
que l'on ajoute un li-
quide froid dans du ca-
ramel bouillant, ce li-
quide (eau, vinaigre, al-
cool...) se vaporise immédiatement en projetant
des gouttelettes très
chaudes qu'il vaut mieux
ne pas recevoir sur les
mains.*

*30 g de raisins de Smyrne et
de Corinthe
6 morceaux de sucre
1 dl de vinaigre de vin
3 dl de sauce demi-glace
(p. 32)
2 dl de sauce poivrade (p. 48)
2 cuil. à soupe de pignons de
pin grillés
Sel, poivre du moulin.*

Mettre les raisins à gonfler dans de l'eau tiède.

Faire fondre les morceaux de sucre avec quelques gouttes
d'eau. Les cuire pour obtenir un caramel blond, le décuire avec
le vinaigre, laisser réduire. Mouiller avec la demi-glace et la
sauce poivrade. Cuire 15 minutes. Rectifier l'assaisonnement.

Concasser les pignons, égoutter soigneusement les raisins,
ajouter l'ensemble en garniture dans la sauce.

Pour escalopes, filets mignons, côtes de veau... sautés.

SAUCES BRUNES

SAUCE SOLFERINO

*3 dl de glace de viande légère
(p. 28)
100 g de beurre d'échalote
(p. 148)
100 g de beurre maître d'hôtel
(p. 144)
2 cuil. à soupe de sauce
tomate réduite (p. 39)
Le jus de 1/2 citron
Piment de Cayenne moulu
Sel, poivre du moulin.*

Porter la glace de viande à ébullition, lui incorporer petit à petit les deux beurres composés et le coulis de tomates en fouettant.

Aciduler aec le jus de citron, assaisonner et relever de haut goût.

Pour grillades de viandes blanches et de volailles.

SAUCE TORTUE

*4 dl de demi-glace (p. 32)
1 bottillon de sauge, sarriette,
romarin, basilic, coriandre,
thym et laurier mélangés
1 verre de madère
1 cuil. à soupe d'essence de
truffe (p. 29)
Sel, poivre du moulin.*

Porter la demi-glace à ébullition.

Concasser les herbes aromatiques, les ajouter à la demi-glace, couvrir, retirer du feu, laisser infuser.

Passer la sauce à la passoire fine, la remettre à bouillir, rectifier l'assaisonnement, ajouter le madère et l'essence de truffe.

Pour tête de veau, langue de bœuf...

SAUCE YORKSHIRE

<table>
<tr><td>Pour 1/2 l
Prép. : 10 min
Cuisson : 5 min</td><td>✕○</td></tr>
</table>

1 orange non traitée
5 dl de sauce porto (p. 54)
2 cuil. à soupe de gelée de
groseille
Poivre de Cayenne
Sel, poivre du moulin.

Laver l'orange, prélever le zeste avec un épluche-légumes (couteau économe), couper le zeste en très fine julienne, la faire blanchir 2 minutes dans de l'eau bouillante, la rafraîchir, l'égoutter.

Amener la sauce porto à ébullition, ajouter dedans la gelée de groseille, la julienne d'orange, assaisonner et relever de haut goût.

Pour filet de bœuf, gigot d'agneau rôtis...

SAUCE ZINGARA

<table>
<tr><td>Pour 1/2 l
Prép. : 25 min
Cuisson : 5 min</td><td>✕✕ ○○</td></tr>
</table>

3 dl de sauce demi-glace
(p. 32)
2 dl de sauce tomate (p. 39)
80 g de champignons de Paris
cuits
20 g de jambon cuit
20 g de langue de bœuf à
l'écarlate (facultatif)
10 g de truffe
1 cuil. à soupe de madère
Poivre de Cayenne
Sel, poivre du moulin.

Mélanger la demi-glace et la sauce tomate, porter à ébullition.

Couper toute la garniture en julienne, l'ajouter à la sauce, verser le madère, rectifier l'assaisonnement en relevant d'une pointe de Cayenne.

Pour médaillons de veau sautés.
Les truffes ne sont pas indispensables. Si, dans un restaurant, l'appellation d'un plat, d'une sauce doit correspondre à une appellation juste et honnête, ce n'est pas obligatoirement le cas chez soi. Par souci d'économie, à la maison, les trompettes-de-la-mort peuvent agréablement remplacer les truffes, sans avoir la prétention d'en donner le parfum...

LES SAUCES AU VIN

SAUCES AU VIN

Le vin, tout comme les alcools, est présent dans de nombreuses sauces, comme élément complémentaire, pour apporter parfum, rondeur ou acidité. Il est rarement utilisé seul.

Dans quelques cas, il sert en même temps d'élément de marinade, de liquide de cuisson et de support à la confection de la sauce, c'est le cas pour les recettes suivantes.

| Pour 1/2 l |
| Prép. : 15 min |
| Cuisson : 1 h |

✗○

SAUCE BRETONNE AU VIN BLANC

250 g d'oignons hachés
1 cuil. à soupe d'huile
2 gousses d'ail écrasées
250 g de tomates mûres à
point
1 morceau de sucre
1 cuil. à soupe de concentré
de tomates
30 g de farine
1 bouteille de vin blanc sec
(gros-plant, muscadet...)
50 g de beurre
1 cuil. à soupe de persil haché
Sel, poivre du moulin.

Faire revenir les oignons dans l'huile chaude, les laisser dorer. Ajouter l'ail, les tomates concassées, le morceau de sucre, le concentré de tomates, saupoudrer de farine, mélanger, laisser étuver quelques instants.

Mouiller avec le vin blanc, laisser cuire et réduire de moitié en remuant de temps en temps, saler, poivrer.

Quand la sauce atteint la consistance désirée, passer à la grille fine du moulin à légumes. Rectifier l'assaisonnement, incorporer le beurre frais petit à petit en fouettant, finir avec le persil haché.

Pour poissons pochés, coquillages.

Pour 1/2 l
Prép. : 10 min
Cuisson : 1 h

SAUCE BOURGUIGNONNE

80 g d'échalote grise
150 g de pieds de
champignons de Paris
30 g de tiges de persil
1 bouteille de vin de
Bourgogne rouge
1 brindille de thym
2 feuilles de laurier
90 g de beurre
40 g de farine
Poivre de Cayenne
Sel, poivre du moulin.

Émincer les échalotes et les pieds de champignons, concasser les tiges de persil. Réunir dans une casserole le vin, les échalotes, les champignons, le persil, le thym et le laurier.

Porter à ébullition, laisser cuire et réduire d'un tiers.

Préparer un beurre manié avec 40 g de beurre et la farine, s'en servir pour lier la réduction.

Passer à la passoire fine, assaisonner, rehausser d'une pointe de Cayenne.

Monter la sauce au beurre en incorporant, petit à petit, le reste du beurre en fouettant.

Pour poissons de rivière braisés (carpe, truite…).

SAUCES AU VIN

| Pour 1/2 l |
| Prép. : 10 min |
| Cuisson : 1 h | ✗O |

SAUCE MATELOTE AU VIN BLANC

3 dl de court-bouillon de poisson au vin blanc (p. 22)
3 dl de bon vin blanc sec
200 g de pieds de champignons concassés
30 g de tiges de persil
1 bouquet garni
2 dl de velouté de poisson (p. 35)
1 dl de crème fraîche épaisse
Le jus de 1/2 citron
Sel, poivre du moulin.

Réunir dans une casserole le court-bouillon, le vin blanc, les champignons, les tiges de persil concassées et le bouquet garni. Faire cuire et réduire pour en obtenir la moitié.

Passer à la passoire fine en pressant fortement, ajouter le velouté de poisson ; cuire et réduire encore pour n'en conserver que 4 dl.

Ajouter la crème fraîche, porter à ébullition, assaisonner, relever avec le jus de citron.

Pour divers poissons de rivière : tanche, brochet, carpe…

| Pour 1/2 l |
| Prép. : 10 min |
| Cuisson : 1 h | ✗O |

SAUCE MATELOTE AU VIN ROUGE

3 dl de court-bouillon au vin rouge (p. 22)
3 dl de bon vin rouge
200 g de pieds de champignons concassés
30 g de tiges de persil
1 bouquet garni
2 dl de demi-glace (p. 32)
50 g de beurre
Sel, poivre du moulin.

Réunir dans une casserole le court-bouillon, le vin rouge, les champignons, les tiges de persil concassées et le bouquet garni. Faire cuire et réduire pour en obtenir la moitié.

Passer à la passoire fine en pressant fortement, ajouter la demi-glace, cuire et réduire encore pour n'en conserver que 4,5 dl.

Incorporer le beurre petit à petit en fouettant, assaisonner en forçant un peu sur le poivre fraîchement moulu.

Pour divers poissons de rivière : anguille, brème, lotte de rivière.

SAUCE MEURETTE

Pour 1/2 l
Prép. : 5 min
Cuisson : 40 min

1 bouteille de bon bourgogne
rouge
100 g de champignons
concassés
1 bouquet garni
40 g de farine
90 g de beurre
Sel, poivre du moulin.

Laisser cuire et réduire de un tiers le vin avec les champignons et le bouquet garni.

Préparer un beurre manié avec la farine et 40 g de beurre, s'en servir pour lier le vin réduit.

Passer à la passoire fine, assaisonner. Ajouter le reste du beurre frais, petit à petit, en fouettant.

Spécialement pour œufs pochés mais aussi pour poissons au court-bouillon.

Représentative de la Bourgogne, une préparation « en meurette » s'accompagne de quartiers de champignons sautés au beurre, de petits oignons glacés à brun, de lardons rissolés et de croûtons frits frottés à l'ail.

SAUCE VÉNITIENNE

Pour 1/2 l
Prép. : 10 min
Cuisson : 30 min

1 dl de vinaigre d'alcool
2 cuil. à soupe d'estragon
haché
4 dl de sauce vin blanc (p. 65)
100 g de beurre de cresson
(p. 147)
1 cuil. à soupe de cerfeuil
haché
Sel, poivre du moulin.

Faire réduire « à sec » le vinaigre et une cuillerée d'estragon, ajouter la sauce vin blanc, porter à ébullition, incorporer le beurre vert en fouettant.

Rectifier l'assaisonnement, garnir avec le cerfeuil haché et la seconde cuillerée d'estragon.

Pour poissons blancs (colin, merlu, lieu...) pochés.

LES SAUCES À BASE D'EAU

SAUCES À L'EAU

Parce que le temps ne le permet pas, parce que les produits ne sont pas disponibles ou, plus simplement, parce qu'aucune autre denrée que l'eau accompagne bien les aliments en traitement, les sauces « à l'eau » donnent des résultats satisfaisants lorsque les condiments et les assaisonnements sont correctement dosés. En outre, les préparations sont, aujourd'hui, souvent riches et incompatibles avec toutes sortes de régimes. De l'eau, peu de corps gras, voici des sauces légères et digestes qui combleront les consommateurs soucieux de leur santé aussi bien que de leur ligne.

Pour 1/2 l	✗○
Prép. : 5 min	
Cuisson : 5 min	

SAUCE AU BEURRE À L'ANGLAISE

30 g de margarine
30 g de farine
Le jus de 1 citron
Sel, poivre du moulin.

Confectionner un roux, mouiller avec 5 dl d'eau froide, porter à ébullition, assaisonner, acidifier avec le citron.

Toutes les utilisations de la sauce Béchamel pour les régimes stricts.

Pour 1/2 l	✗○
Prép. : 5 min	
Cuisson : 10 min	

SAUCE BÂTARDE

25 g de margarine
25 g de farine
2 jaunes d'œufs
1 jus de citron
Sel, poivre du moulin.

Confectionner un roux avec la margarine et la farine, mouiller avec 4 dl d'eau froide. Délayer soigneusement, saler, poivrer, cuire 5 minutes.
Mélanger énergiquement les jaunes d'œufs avec le jus de citron, en lier la sauce, ne plus faire bouillir.

Pour les régimes sans lait.

SAUCE ALBERT

30 g de beurre
30 g de farine
1 cuil. à soupe de raifort râpé
50 g de mie de pain rassis rapée
1 cuil. à soupe de moutarde forte
2 jaunes d'œufs
1 dl de crème
Le jus de 1/2 citron
Sel, poivre du moulin.

Confectionner un roux blanc avec le beurre et la farine, mouiller avec 3 dl d'eau froide, porter à ébullition, laisser cuire quelques instants en délayant soigneusement.

Ajouter le raifort, la mie de pain et la moutarde, saler, poivrer. Laisser cuire doucement pendant 10 minutes. Passer à la passoire fine en pressant fortement pour recueillir toute la sauce.

Mélanger énergiquement les jaunes d'œufs avec la crème et le jus de citron, ajouter dans la sauce bouillante en fouettant. Bien chauffer l'ensemble mais surtout ne plus faire bouillir.

Pour tête de veau, poissons pochés...

POUR LIER CORRECTEMENT UNE SAUCE À LA CRÈME ET AUX JAUNES D'ŒUFS

Utiliser un récipient assez grand, bol ou saladier. Mélanger soigneusement dedans les jaunes d'œufs et la quantité de crème nécessaire, acidulée suivant le cas de jus de citron.

Verser petit à petit, dans ce mélange, un peu de la sauce bouillante en fouettant.

Quand le mélange de un tiers de la sauce est effectué, reverser toute la préparation dans le reste de sauce bouillante. Ne plus laisser bouillir.

Cette opération a pour effet d'élever progressivement la température des œufs et de la crème afin d'éviter qu'une élévation trop brusque de la chaleur provoque la cuisson des œufs plutôt qu'une liaison onctueuse et pour que ce mélange n'entraîne pas non plus tout le refroidissement de la préparation.

SAUCES À L'EAU

SAUCE CANOTIÈRE

Pour 1/2 l	✕○
Prép. : 5 min	
Cuisson : 10 min	

25 g de margarine
25 g de farine
2 jaunes d'œufs
Le jus de 1 citron
1 cuil. à soupe de fines herbes
Sel, poivre du moulin.

Confectionner un roux avec la margarine et la farine, mouiller avec 4 dl d'eau froide, délayer soigneusement. Saler, poivrer, cuire 5 minutes.

Mélanger énergiquement les jaunes d'œufs avec le jus de citron, en lier la sauce, ne plus faire bouillir.

Ajouter les fines herbes au dernier moment.

Pour poissons pochés.

SAUCE AUX CÂPRES

Pour 1/2 l	✕○
Prép. : 5 min	
Cuisson : 5 min	

30 g de margarine
30 g de farine
5 cl de vinaigre d'alcool
2 cuil. à soupe de câpres au vinaigre hachées
1 cuil. de fines herbes hachées
Sel, poivre du moulin.

Confectionner un roux, mouiller avec 5 dl d'eau froide, porter à ébullition, assaisonner, acidifier avec le vinaigre.

Garnir avec les câpres et les fines herbes.

Pour tête de veau, volaille pochée.

SAUCE LAGUIPIÈRE

Pour 1/2 l	✕○
Prép. : 5 min	
Cuisson : 10 min	

25 g de margarine
25 g de farine
1 dl de glace de poisson
(p. 28)
2 jaunes d'œufs
Le jus de 1 citron
Sel, poivre du moulin.

Confectionner un roux avec la margarine et la farine, mouiller avec 3 dl d'eau froide. Délayer soigneusement, saler, poivrer, cuire 5 minutes.

Ajouter la glace de poisson, laisser bouillir quelques instants.

Mélanger énergiquement les jaunes d'œufs avec le jus de citron, en lier la sauce, ne plus faire bouillir.

Pour poissons braisés.

SAUCE PERSIL

Pour 1/2 l
Prép. : 5 min
Cuisson : 10 min
Infusion : 5 min

1 beau bouquet de persil plat
25 g de margarine
25 g de farine
2 jaunes d'œufs
Le jus de 1 citron
Sel, poivre du moulin.

Porter 4 dl d'eau froide à ébullition, plonger dedans le persil bien propre, laisser blanchir quelques instants, retirer la casserole du feu, couvrir, laisser infuser 5 minutes.

Égoutter le persil, le mixer finement avec quelques cuillerées de l'eau d'infusion.

Confectionner un roux avec la margarine et la farine. Mouiller avec le reste de l'eau au persil, délayer soigneusement, saler, poivrer, cuire 5 minutes. Ajouter le persil mixé, laisser cuire 1 minute.

Mélanger énergiquement les jaunes d'œufs avec le jus de citron, en lier la sauce, ne plus faire bouillir.

Pour coquillages.

SAUCE RAIFORT

Pour 1/2 l
Prép. : 15 min
Cuisson : 15 min

30 g de beurre
30 g de farine
3 cuil. à soupe de raifort râpé
50 g de mie de pain rassis râpée
2 jaunes d'œufs
1 dl de crème
Le jus de 1/2 citron
Sel, poivre du moulin.

Confectionner un roux blanc avec le beurre et la farine, mouiller avec 3 dl d'eau froide, porter à ébullition, laisser cuire quelques instants en délayant soigneusement.

Ajouter le raifort et la mie de pain, saler, poivrer.

Laisser cuire doucement pendant 10 minutes. Passer à la passoire fine en pressant fortement pour recueillir toute la sauce.

Mélanger énergiquement les jaunes d'œufs avec la crème et le jus de citron, ajouter dans la sauce bouillante en fouettant. Bien chauffer l'ensemble mais surtout ne plus faire bouillir.

Pour viande bouillie (pot-au-feu, poule-au-pot...).
Le bouillon de cuisson du pot-au-feu ou de la poule-au-pot peut très bien remplacer l'eau pour la confection de cette sauce.

AU FOND DE VOLAILLE

AU FOND DE VOLAILLE

Qui résistera aux effluves parfumés d'un bon bouillon de volaille ? Il rappellera aux uns l'odeur de poule-au-pot qui embaumait la cuisine de la grand-mère, il fera ressurgir dans les souvenirs des autres les menus des fêtes de famille, communions et mariages, où le «consommé de volaille» servait de prélude aux joyeuses agapes.

SAUCE ALBUFÉRA

Pour 1/2 l	✗O
Prép. : 5 min	
Cuisson : 5 min	

4 dl de sauce suprême (p. 36)
0,5 dl de glace de volaille blonde (p. 28)
50 g de beurre de piment (p. 149)
Sel, poivre du moulin.

Porter la sauce suprême à ébullition, lui incorporer en plein feu, petit à petit, la glace de volaille et le beurre, sans cesser de fouetter, jusqu'à l'obtention d'une sauce lisse, brillante et onctueuse.

SAUCE AURORE

Pour 1/2 l	✗O
Prép. : 5 min	
Cuisson : 5 min	

4 dl de sauce suprême (p. 36)
1 dl de sauce tomate (p. 39).

Mélanger les deux sauces, les porter à ébullition.

Pour escalopes de volaille, rôti de dinde, œufs durs en sauce…

SAUCE BOULANGÈRE

4 dl de bouillon de volaille
parfaitement dégraissé
80 g de chapelure blonde
50 g de jambon maigre haché
Le jus de 1/2 citron
Sel, poivre du moulin.

Porter le bouillon à ébullition, verser dedans la chapelure, ajouter le jambon haché, mélanger, laisser cuire doucement.
Rectifier l'assaisonnement et aciduler avec le jus de citron.

Pour régimes maigres.

AU FOND DE VOLAILLE

| Pour 1/2 l |
| Prép. : 20 min |
| Cuisson : 25 min |

SAUCE CURRY

150 g d'oignons hachés
1 pomme fruit (type Granny)
coupée en petits dés
20 g de beurre
2 cuil. à soupe de poudre de
curry
1 dl de lait de coco
3 dl de sauce suprême (p. 36)
1 dl de crème fraîche épaisse
Sel, poivre du moulin.

Étuver l'oignon et la pomme dans le beurre sans les laisser colorer, les saupoudrer avec le curry. Mouiller avec le lait de coco, laisser cuire 10 minutes.

Verser par-dessus la sauce suprême, porter à ébullition, laisser frémir 5 minutes.

Passer à la passoire fine en pressant fortement pour récupérer toute la sauce. Vérifier l'assaisonnement, qui doit être un peu relevé. Finir la sauce en ajoutant la crème.

Pour poulet sauté, agneau, poisson...

LA POUDRE DE CURRY

Mélange d'épices d'origine indienne. Chaque marchand d'épices garde jalousement le secret de ses mélanges. Traditionnellement, le curry est jaune, mais on trouve des compositions allant du rouge au vert, en passant par toutes les nuances. Les ingrédients principaux sont le gingembre, le piment, le curcuma, le poivre, le fenouil, la cannelle, la muscade...

| Pour 1/2 l |
| Prép. : 20 min |
| Cuisson : 25 min |

INDIENNE

150 g d'oignons hachés
1 pomme fruit (type granny)
coupée en petits dés
20 g de beurre
2 cuil. à soupe de poudre de
curry
1 dl de lait de coco
3 dl de sauce suprême (p. 36)
2 cuil. à soupe de sauce
tomate (p. 39)
1 dl de crème fraîche épaisse
Sel, poivre du moulin.

Étuver l'oignon et la pomme dans le beurre sans les laisser colorer, les saupoudrer avec le curry, mouiller avec le lait de coco, laisser cuire 10 minutes.

Verser par-dessus la sauce suprême, porter à ébullition, laisser frémir 5 minutes.

Passer à la passoire fine en pressant fortement pour récupérer toute la sauce.

Vérifier l'assaisonnement, qui doit être un peu relevé, et finir la sauce en ajoutant la sauce tomate et la crème.

Pour volailles, fricassée de veau.

Pour 1/2 l	✗○
Prép. : 10 min	
Cuisson : 10 min	
Infusion : 15 min	

SAUCE CHIVRY

*1 bottillon de fines herbes
(persil, cerfeuil, ciboulette,
estragon, pimprenelle)
1 dl de vin blanc sec
4 dl de sauce suprême (p. 36)
50 g de beurre de cerfeuil
(p. 146)
Sel, poivre du moulin.*

Laver les herbes, séparer les tiges des feuilles. Concasser les tiges. Hacher les feuilles pour obtenir 2 bonnes cuillerées à soupe.

Porter le vin blanc à ébullition, plonger dedans les tiges concassées, couvrir, laisser infuser.

Passer le vin blanc à la passoire fine, le faire bouillir pour le réduire de moitié. Ajouter dedans la sauce suprême, porter à ébullition, monter au beurre vert en fouettant, ajouter les fines herbes hachées.

Pour poulardes pochées.

AU FOND DE VOLAILLE

Pour 1/2 l	✗○
Prép. : 2 min	
Cuisson : 5 min	

SAUCE IVOIRE

4 dl de sauce suprême (p. 36)
1 dl de glace de viande blonde (p. 28).

Porter la sauce suprême à ébullition, lui incorporer la glace de viande en fouettant pour rendre le mélange léger et onctueux.

Pour volaille sautée.

Pour 1/2 l	✗◯◯
Prép. : 10 min	
Cuisson : 5 min	

VILLAGEOISE

3 dl de velouté de volaille (p. 35)
1 dl de fond de veau brun lié (p. 26)
2 cuil. à soupe d'essence de champignons (p. 29)
1 jaune d'œuf
5 cl de crème fraîche liquide
Sel, poivre du moulin.

Mélanger le velouté de volaille, le fond de veau et l'essence de champignons, porter à ébullition.
Lier avec le jaune d'œuf délayé dans la crème, ne plus faire bouillir. Rectifier l'assaisonnement.

Pour veau ou volaille en fricassée.

AU FOND BLANC DE VEAU

Lorsqu'on a la chance de trouver os et parures de viande de veau, avec quelques légumes aromatiques et des épices correctement dosées, aucune difficulté à confectionner un bouillon succulent qui donne un bien meilleur goût aux préparations culinaires dans lesquelles on l'utilise.

AU FOND BLANC DE VEAU

SAUCE AUX AROMATES

Pour 1/2 l ✗◯
Prép. : 5 min
Cuisson : 5 min
Infusion : 20 min

5 dl de velouté de fond blanc
de veau (p. 35)
1 belle botte d'herbes
30 g d'échalote
10 grains de poivre noir
1/2 cuil. à café de macis
moulu
1 cuil. à soupe de cerfeuil et
d'estragon hachés
Le jus de 1/2 citron.

Porter le velouté à ébullition.

Concasser les herbes aromatiques, émincer l'échalote, écraser le poivre noir. Ajouter toutes les épices dans le velouté bouillant, couvrir, retirer du feu, laisser infuser.

Passer la sauce à la passoire fine, ajouter les fines herbes hachées et le jus de citron.

Pour légumes en fricassée.

SAUCE BONNEFOY

Pour 1/2 l ✗◯
Prép. : 15 min
Cuisson : 30 min

40 g d'échalote hachée
5 grains de poivre noir écrasés
1 brindille de thym
1/2 feuille de laurier émiettée
2 dl de vin blanc sec
5 dl de velouté (p. 35)
30 g de moelle d'os de bœuf
1 cuil. à café d'estragon haché
Sel, poivre du moulin.

Faire réduire, presque à sec, les échalotes, le poivre, le thym et le laurier avec le vin blanc. Mouiller avec le velouté, laisser cuire 5 minutes, passer à la passoire fine en pressant pour recueillir tout le liquide ; rectifier l'assaisonnement.

Couper la moelle d'os de bœuf en dés, les plonger dans de l'eau froide, porter rapidement à ébullition, égoutter aussitôt que l'ébullition est atteinte.

Ajouter les dés de moelle pochés et l'estragon haché dans la sauce.

Pour viandes blanches grillées.

AU FOND BLANC DE VEAU

Pour 1/2 l	
Prép. : 5 min	
Cuisson : 8 min	

SAUCE ESTRAGON

1 botte d'estragon
5 dl de velouté (p. 35).

Effeuiller l'estragon pour obtenir 1/2 verre de feuilles. Faire blanchir ces feuilles rapidement dans de l'eau bouillante légèrement salée, les égoutter.

Porter le velouté à ébullition. Dès qu'il commence à bouillir, le retirer du feu.

Mettre les feuilles d'estragon blanchies dans le bol d'un mixeur, verser dessus la moitié de la sauce, faire tourner à grande vitesse pour réduire l'estragon en purée.

Reverser le contenu du bol du mixeur dans la sauce, mélanger soigneusement.

Pour pintade grillée.

SAUCE VILLEROY

Pour 1/2 l
Prép. : 10 min
Cuisson : 25 min

50 g de jambon cru sec, haché
50 g d'oignon haché
20 g de beurre
1 dl de jus de truffes
4 dl de velouté (p. 35)
4 jaunes d'œufs
Sel, poivre du moulin.

Laisser étuver le jambon et l'oignon dans le beurre sans les laisser colorer, mouiller avec le jus de truffes, laisser réduire aux deux tiers.

Ajouter le velouté, porter à ébullition, passer à la passoire fine en pressant fortement. Rectifier l'assaisonnement. Fouetter énergiquement et lier en plein feu avec les jaunes d'œufs.

Retirer du feu dès que l'ébullition est atteinte.

Pour croquettes de volaille…

Cette sauce sert de base à la confection de nombreuses préparations : croquettes, fondants, cromesquis, etc.

Pour des croquettes de volaille, par exemple.
300 g de chair de volaille cuite coupée en dés, 3 dl de sauce Villeroy.
Mélanger les 2 éléments, étaler dans une plaque légèrement huilée sur une épaisseur de 2 à 3 cm. Laisser refroidir.
Quand la masse est bien solidifiée, complètement refroidie, découper dedans des morceaux de la taille d'un bouchon, qu'il suffit de façonner, de paner à l'anglaise et de frire pour obtenir un plat succulent, à consommer en entrée ou en plat accompagné d'une salade.

AU FOND BLANC DE VEAU

| Pour 1/2 l ✗O |
| Prép. : 10 min |
| Cuisson : 15 min |

SAUCE CHAMPIGNONS

250 g de petits champignons de Paris
20 g de beurre
Le jus de 1/2 citron
5 dl de sauce allemande (p. 37)
Sel, poivre du moulin.

Nettoyer, laver rapidement les champignons, les égoutter soigneusement. Diviser les plus gros en deux ou en quatre ; les cuire aussitôt avec le beurre, le jus de citron, sel et poivre.

Égoutter les champignons dès qu'ils sont cuits, laisser réduire leur jus de cuisson pour le concentrer.

Porter la sauce allemande à ébullition — ne pas la laisser cuire — ajouter dedans les champignons et leur jus réduit.

Pour médaillons, côtes de veau, garnitures de croustades…

ATTENTION À LA PRÉPARATION DES CHAMPIGNONS

De plus en plus, aujourd'hui, les champignons de couche — champignons de Paris — sont commercialisés « pieds coupés », c'est-à-dire débarrassés de leur pied terreux et sablonneux. Ils sont pratiquement propres, et il suffit soit de les essuyer un à un dans un torchon propre ou avec du papier absorbant, soit de les tremper entiers, rapidement dans une grande quantité d'eau fraîche en les y brassant pour faire tomber tout le sable. Les retirer et les égoutter aussitôt, les éponger sur un linge ou sur du papier absorbant, les couper ensuite selon leur destination (quartiers, escalopes, etc.).

Ne jamais laisser tremper des champignons dans l'eau. Déjà composés de plus de 95 % d'eau, les champignons se gorgent encore plus d'eau lorsqu'on les y laisse tremper. Ils s'amollissent, y perdent leur texture et, en laissant s'échapper toute cette eau à la cuisson, ils y laissent aussi leur saveur et leur parfum.

Avant de couper des champignons en plus ou moins petits morceaux, tranches, escalopes ou quartiers, ayez toujours à l'esprit qu'ils vont perdre, à la cuisson, presque toute leur eau de composition et donc autant de leur volume. Il n'est donc pas nécessaire de les couper trop fins ou trop petits.

Pour 1/2 l
Prép. : 5 min
Cuisson : 25 min

SAUCE RAVIGOTE

50 g d'échalote hachée
1 dl de vinaigre de vin blanc
1 dl de vin blanc sec
4 dl de velouté (p. 35)
50 g de beurre
2 cuil. à soupe de persil,
cerfeuil et estragon hachés.

Faire réduire presque à sec l'échalote hachée avec le vinaigre et le vin ; mouiller avec le velouté, porter à ébullition.

Incorporer le beurre frais petit à petit en fouettant, ajouter les fines herbes juste au moment de servir.

Pour volailles, viandes blanches bouillies.

AU FOND BLANC DE VEAU

| Pour 1/2 l |
| Prép. : 5 min |
| Cuisson : 5 min |

SAUCE CHAUD-FROID

*4 feuilles de gélatine
alimentaire
1/2 l de velouté (p. 35)
Sel, poivre du moulin.*

Faire tremper les feuilles de gélatine dans de l'eau froide, les laisser se ramollir complètement. Les égoutter, les presser pour éliminer toute l'eau.

Faire chauffer le velouté. Il n'est pas nécessaire de le faire bouillir, mais il doit atteindre au moins 60 °C.

Mettre à fondre les feuilles de gélatine dans la sauce chaude, remuer soigneusement (1) pour obtenir un mélange homogène.

Laisser refroidir la sauce mais, attention, il faut l'utiliser pour napper les morceaux à traiter quand elle est encore liquide, légèrement visqueuse, nappante (2).

Les morceaux destinés à être présentés en chaud-froid doivent être bien froids pour s'assurer d'une prise rapide et uniforme de la couche de sauce.

Pour volailles, pièces de veau en exposition.

1

2

Pour 1/2 l	
Prép. : 5 min	
Cuisson : 5 min	

CHAUD-FROID AUX FINES HERBES

4 feuilles de gélatine
alimentaire
1/2 l de velouté (p. 35)
2 cuil. à soupe de fines herbes
hachées.

Faire tremper les feuilles de gélatine dans de l'eau froide, les laisser se ramollir complètement. Les égoutter, les presser pour éliminer toute l'eau.

Faire chauffer le velouté. Il n'est pas nécessaire de le faire bouillir, mais il doit atteindre au moins 60 °C.

Mettre à fondre les feuilles de gélatine dans la sauce chaude, remuer soigneusement pour obtenir un mélange homogène, ajouter les fines herbes, mélanger.

Pour volailles, pièces de veau en exposition.

Pour 1/2 l	✗○
Prép. : 5 min	
Cuisson : 5 min	

CHAUD-FROID À LA TOMATE

4 feuilles de gélatine
alimentaire
1/2 l de velouté (p. 35)
1 cuil. à soupe de concentré
de tomates.

Faire tremper les feuilles de gélatine dans de l'eau froide, les laisser se ramollir complètement, les égoutter, les presser pour éliminer toute l'eau.

Faire chauffer le velouté, ajouter le concentré de tomates, mélanger. Il n'est pas nécessaire de le faire bouillir, mais il doit atteindre au moins 60 °C.

Mettre à fondre les feuilles de gélatine dans la sauce chaude, remuer soigneusement pour obtenir un mélange homogène.

Pour volailles, pièces de veau en exposition.

ÉMULSIONS CHAUDES

Pour 1/2 l
Prép. : 15 min
Cuisson : 15 min

SAUCE BÉARNAISE

10 grains de poivre noir
30 g d'échalote hachée
1 cuil. à soupe d'estragon
haché
2 dl de vinaigre d'alcool coloré
250 g de beurre
4 jaunes d'œufs
1 cuil. à soupe de cerfeuil et
d'estragon hachés
Sel, poivre du moulin.

Écraser les grains de poivre, les mettre dans une casserole avec l'échalote, l'estragon et le vinaigre. Faire bouillir vivement et réduire presque à sec.

Mettre le beurre à fondre et à clarifier (voir sauce hollandaise, p. 42).

Verser 1 cuillerée d'eau froide dans la réduction, ajouter les jaunes d'œufs. Fouetter énergiquement à l'aide d'un fouet, à chaleur modérée — le mélange ne doit pas dépasser 60 °C — pour que les œufs deviennent mousseux, crémeux et triplent de volume (1).

Retirer la casserole de la source de chaleur, incorporer petit à petit le beurre clarifié chaud mais non brûlant — pas plus de 60 °C — sans cesser de fouetter (2).

Passer cette sauce à la passoire fine en pressant fortement pour recueillir toute la préparation, maintenir à bonne température.

Au moment de l'emploi, saler, rectifier en poivre si nécessaire, ajouter le hachis de cerfeuil et d'estragon.

Pour viandes rouges grillées.

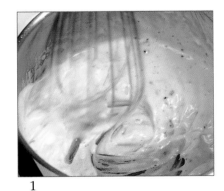

1

2

ÉMULSIONS CHAUDES

Le seul vrai beurre blanc est nantais. C'est Clémence, la cuisinière du marquis de Goulaine, qui en « inventa » la recette en utilisant du vinaigre de vin blanc (essentiellement issu de gros-plant), de l'échalote grise hachée finement, du beurre et du poivre. C'est l'accompagnement traditionnel du brochet de Loire, poché au court-bouillon.

Sans être une véritable émulsion, cette sauce tient au fait que, sous l'action conjuguée de la chaleur et de l'acidité, le beurre devient très mousseux, juste le temps de son service.

6 pers.
Prép. : 10 min
Cuisson : 10 min

BEURRE BLANC

20 g d'échalote grise hachée
5 cl de vinaigre de vin blanc
150 g de beurre fin, de
préférence demi-sel
Poivre du moulin.

Faire réduire l'échalote avec le vinaigre, poivrer. Ajouter vivement le beurre frais coupé en petits morceaux (1), sans cesser de remuer avec une cuillère en bois.

Dès que le beurre devient mousseux (2), le verser en saucière et le servir sans attendre.

Pour brochet poché.

1   2

6 pers.
Prép. : 10 min
Cuisson : 10 min

BEURRE ROUGE

20 g d'échalote grise hachée
5 cl de vinaigre de vin rouge
150 g de beurre fin
Poivre du moulin.

Faire réduire l'échalote avec le vinaigre, poivrer. Ajouter vivement le beurre frais coupé en petits morceaux, sans cesser de remuer avec une cuillère en bois.

Dès que le beurre frémit et qu'il devient mousseux, le verser en saucière et le servir sans attendre.

Variante du beurre blanc (ci-dessus) mais avec du vinaigre de vin rouge pour truites de mer pochées.

SAUCE BAVAROISE

Pour 1/2 l	
Prép. : 15 min	
Cuisson : 15 min	

10 grains de poivre noir
2 dl de vinaigre de vin blanc
1 cuil. à soupe de raifort râpé
1 cuil. à soupe de queues de
persil concassées
1 brindille de thym
1/2 feuille de laurier émiettée
200 g de beurre
4 jaunes d'œufs
1 dl de purée d'écrevisses
(p. 23)
5 cl de crème fraîche
50 g de queues d'écrevisses
coupées en dés
Sel, poivre du moulin.

Écraser les grains de poivre, les mettre dans une casserole avec le vinaigre, le raifort, les tiges de persil, le thym et le laurier. Faire bouillir vivement et réduire presque à sec.

Mettre le beurre à fondre et à clarifier (voir sauce hollandaise, p. 42).

Verser 1 cuillerée d'eau froide dans la réduction, ajouter les jaunes d'œufs. Fouetter énergiquement à l'aide d'un petit fouet, à chaleur modérée — le mélange ne doit pas dépasser 60 °C — pour que les œufs deviennent mousseux, crémeux et triplent de volume.

Retirer la casserole de la source de chaleur, incorporer petit à petit le beurre clarifié chaud mais non brûlant — pas plus de 60 °C — sans cesser de fouetter. Passer cette sauce à la passoire fine en pressant fortement pour recueillir toute la préparation, maintenir à bonne température.

Au moment de l'emploi, ajouter la purée d'écrevisses et la crème, mélanger soigneusement, saler, rectifier en poivre si nécessaire, garnir avec les dés de chair d'écrevisses.

Pour poissons pochés.

ÉMULSIONS CHAUDES

Pour 1/2 l	✕✕ ∞
Prép. : 15 min	
Cuisson : 15 min	

SAUCE CHORON

10 grains de poivre noir
30 g d'échalote hachée
1 cuil. à soupe d'estragon
haché
2 dl de vinaigre d'alcool coloré
250 g de beurre
4 jaunes d'œufs
2 cuil. à soupe de tomate
concassée
1 cuil. à soupe de cerfeuil et
d'estragon hachés
Sel, poivre du moulin.

Écraser les grains de poivre, les mettre dans une casserole avec l'échalote, l'estragon et le vinaigre. Faire bouillir vivement et réduire presque à sec.

Mettre le beurre à fondre et à clarifier (voir sauce hollandaise, p. 42).

Verser 1 cuillerée d'eau froide dans la réduction, ajouter les jaunes d'œufs. Fouetter énergiquement à l'aide d'un petit fouet, à chaleur modérée — le mélange ne doit pas dépasser 60 °C — pour que les œufs deviennent mousseux, crémeux et triplent de volume.

Retirer la casserole de la source de chaleur, incorporer petit à petit le beurre clarifié chaud mais non brûlant — pas plus de 60 °C — sans cesser de fouetter.

Passer cette sauce à la passoire fine en pressant fortement pour recueillir toute la préparation, maintenir à bonne température.

Au moment de l'emploi, saler, rectifier en poivre si nécessaire, ajouter la tomate concassée et le hachis de cerfeuil et d'estragon.

Pour tournedos, filets mignons grillés.

Pour 1/2 l	✕✕ ∞
Prép. : 5 min	
Cuisson : 10 min	

SAUCE MALTAISE

Pour agrémenter la sauce, on peut lui ajouter un peu du zeste de l'orange râpé finement, à condition d'avoir lavé très soigneusement cette orange.

250 g de beurre
Le jus de 1 orange sanguine
5 jaunes d'œufs
Sel, poivre du moulin.

Faire fondre le beurre dans une petite casserole, le laisser clarifier (voir sauce hollandaise, p. 42).

Mettre le jus d'orange et 1 cuillerée d'eau froide dans une casserole, ajouter les jaunes d'œufs, mélanger à l'aide d'un fouet.

Poser la casserole sur un feu doux ou au bain-marie dans une autre casserole contenant de l'eau chaude. Fouetter énergiquement les jaunes d'œufs jusqu'à ce que le mélange chauffe, subisse un début de coagulation, épaississe et devienne crémeux.

Retirer la casserole de la source de chaleur et, sans cesser de fouetter, ajouter le beurre fondu clarifié chaud, petit à petit. Saler, poivrer.

Pour rougets grillés.

| Pour 1/2 l |
| Prép. : 5 min |

SAUCE FOYOT

1 dl de glace de viande blonde (p. 28)
4 dl de sauce béarnaise terminée (p. 82)

Incorporer la glace de viande chaude — mais non brûlante — dans la béarnaise en fouettant énergiquement pour que la sauce reste légère et bien brillante.

Pour viandes blanches et rouges grillées.

| Pour 1/2 l |
| Prép. : 2 min |

SAUCE MOUTARDE

2 cuil. à soupe de moutarde forte
5 dl de sauce hollandaise (p. 42).

Incorporer la moutarde dans la sauce hollandaise chaude en fouettant.

En utilisant des moutardes différentes : à l'ancienne, à l'estragon, aux condiments…, on varie autant la saveur de la sauce.

Pour maquereaux grillés.

| Pour 1/2 l |
| Prép. : 10 min |

SAUCE MOUSSELINE

1 dl de crème fraîche liquide
4 dl de sauce hollandaise (p. 42)

Fouetter la crème fraîche. Dès qu'elle est montée, l'incorporer délicatement dans la hollandaise chaude.

Pour poissons pochés, asperges…

ÉMULSIONS CHAUDES

Pour 1/2 l
Prép. : 5 min
Cuisson : 10 min

SAUCE NOISETTE

250 g de beurre
Le jus de 1 citron
5 jaunes d'œufs
Sel, poivre du moulin.

Faire fondre le beurre dans une petite casserole, le laisser cuire jusqu'à ce qu'il prenne une couleur blonde, noisette. Le retirer du feu, arrêter rapidement la cuisson en plongeant le fond du récipient dans de l'eau froide.

Mettre le jus du citron et 1 cuillerée d'eau froide dans une casserole, ajouter les jaunes d'œufs, mélanger à l'aide d'un fouet.

Poser la casserole sur feu doux ou au bain-marie dans une autre casserole contenant de l'eau chaude. Fouetter énergiquement les jaunes d'œufs jusqu'à ce que le mélange chauffe, subisse un début de coagulation, épaississe et devienne crémeux.

Retirer la casserole de la source de chaleur et, sans cesser de fouetter, ajouter le beurre noisette maintenu au chaud (pas plus de 60 °C) petit à petit. Saler, poivrer.

Pour poissons blancs pochés.

Pour 1/2 l
Prép. : 15 min
Cuisson : 15 min

SAUCE PALOISE

10 grains de poivre noir
30 g d'échalote hachée
2 cuil. à soupe de menthe
fraîche hachée
2 dl de vinaigre d'alcool coloré
250 g de beurre
4 jaunes d'œufs
Sel, poivre du moulin.

Écraser les grains de poivre, les mettre dans une casserole avec l'échalote, 1 cuillerée de menthe hachée et le vinaigre. Faire bouillir vivement et réduire presque à sec.

Mettre le beurre à fondre et à clarifier (voir sauce hollandaise, p. 42).

Verser 1 cuillerée d'eau froide dans la réduction, ajouter les jaunes d'œufs. Fouetter énergiquement à l'aide d'un petit fouet, à chaleur modérée — le mélange ne doit pas dépasser 60 °C — pour que les œufs deviennent mousseux, crémeux et triplent de volume.

Retirer la casserole de la source de chaleur, incorporer petit à petit le beurre clarifié chaud mais non brûlant — pas plus de 60 °C — sans cesser de fouetter.

Passer cette sauce à la passoire fine en pressant fortement pour recueillir toute la préparation, maintenir à bonne température.

Au moment de l'emploi, rectifier en poivre si nécessaire, ajouter la seconde cuillerée de menthe.

Pour viandes rouges et gibiers grillés.

<table>
<tr><td>Pour 1/2 l
Prép. : 15 min
Cuisson : 15 min</td><td></td></tr>
</table>

SAUCE TYROLIENNE

10 grains de poivre noir
30 g d'échalote hachée
1 cuil. à soupe d'estragon
haché
2 dl de vinaigre d'alcool coloré
1/4 l d'huile neutre de goût
(arachide, tournesol…)
4 jaunes d'œufs
1 cuil. à soupe de cerfeuil et
d'estragon hachés
Sel, poivre du moulin.

Écraser les grains de poivre, les mettre dans une casserole avec l'échalote, l'estragon et le vinaigre. Faire bouillir vivement et réduire presque à sec.

Faire chauffer l'huile sans dépasser 60 °C.

Verser 1 cuillerée d'eau froide dans la réduction, ajouter les jaunes d'œufs. Fouetter énergiquement à l'aide d'un petit fouet, à chaleur modérée — le mélange ne doit pas dépasser 60 °C — pour que les œufs deviennent mousseux, crémeux et triplent de volume.

Retirer la casserole de la source de chaleur, incorporer petit à petit l'huile chaude sans cesser de fouetter.

Passer cette sauce à la passoire fine en pressant fortement pour recueillir toute la préparation, maintenir à bonne température.

Au moment de l'emploi, saler, rectifier en poivre si nécessaire, ajouter le hachis de cerfeuil et d'estragon.

Pour steaks grillés.

<table>
<tr><td>Pour 1/2 l
Prép. : 5 min</td><td></td></tr>
</table>

SAUCE VALOIS

1 dl de glace de viande blonde
(p. 28)
3 dl de sauce béarnaise
terminée (p. 82)
1 dl de crème fraîche.

Incorporer la glace de viande chaude — mais non brûlante — dans la béarnaise en fouettant énergiquement pour que la sauce reste légère et bien brillante.

Fouetter la crème fraîche. Dès qu'elle est montée, l'incorporer délicatement dans la sauce chaude.

Pour volailles pochées.

LES SAUCES AUX CRUSTACÉS

Pour 1/2 l ✕✕○
Prép. : 20 min
Cuisson : 30 min

SAUCE AMÉRICAINE

1 cuil. à soupe d'huile d'olive
500 g d'étrilles ou de petits
crabes
1 cuil. à soupe de cognac
100 g de carottes
2 gousses d'ail
30 g d'échalote
80 g d'oignon
1 dl de vin blanc sec
1/2 l de fumet de poisson
(p. 22)
150 g de tomate fraîche
1 cuil. à soupe de concentré
de tomates
Thym, laurier
20 g de beurre
20 g de farine
1 cuil. à soupe de cerfeuil et
d'estragon hachés
Poivre de Cayenne
Sel, poivre du moulin.

Faire revenir à l'huile les étrilles lavées pour leur faire prendre une belle couleur rouge (1). Flamber au cognac. Ajouter les légumes aromatiques coupés en petits morceaux. Laisser étuver quelques minutes.

Mouiller avec le vin blanc et le fumet de poisson. Ajouter les tomates en morceaux, le concentré de tomates, le thym et le laurier. Saler, poivrer, relever d'une pointe de Cayenne. Laisser cuire 20 minutes.

Retirer les étrilles, les concasser, les remettre dans le fond de cuisson. Cuire encore quelques minutes.

Manier le beurre avec la farine, ajouter ce beurre manié dans la sauce, remuer soigneusement, laisser bouillir encore 2 minutes.

Passer toute la préparation au travers d'une passoire fine en pressant fortement pour recueillir toute la sauce (2). Faire bouillir, rectifier l'assaisonnement, ajouter les herbes hachées.

1

2

C R U S T A C É S

Pour 1/2 l	
Prép. : 10 min	
Cuisson : 5 min	

SAUCE DIPLOMATE

4 dl de sauce normande
(p. 111)
1 dl de purée de crustacés
(p. 23)
1 cuil. à café de truffe hachée
50 g de chair de homard
coupée en petits dés
Sel, poivre du moulin.

Porter la sauce normande et la purée de crustacés à ébullition, laisser cuire quelques instants.
Ajouter la truffe et la chair de homard, mélanger.

Pour crustacés chauds, poissons étuvés.

Pour 1/2 l	
Prép. : 5 min	
Cuisson : 5 min	

SAUCE HOMARD

4 dl de sauce normande
(p. 111)
1 dl de purée de crustacés
(p. 23).

Porter la sauce normande et la purée de crustacés à ébullition. Laisser cuire quelques instants en mélangeant.

Pour crustacés grillés.

Pour 1/2 l	
Prép. : 10 min	
Cuisson : 5 min	

SAUCE RICHE

4 dl de sauce normande
(p. 111)
1 dl de purée de crustacés
(p. 23)
1 cuil. à café de truffe hachée
50 g de chair de homard
coupée en petits dés
50 g de champignons de Paris,
cuits, bien blancs, coupés en
petits dés.

Porter la sauce normande et la purée de crustacés à ébullition, laisser cuire quelques instants. Ajouter la truffe, la chair de homard et les dés de champignons. Mélanger.

Pour crustacés chauds, poissons étuvés.

Pour 1/2 l ✗✗ ⦾⦾⦾
Prép. : 20 min
Cuisson : 40 min

SAUCE HOMARD AUX CHÂTAIGNES

1 ou 2 carapaces de homards crus
1 cuil. à soupe d'huile d'olive
50 g de carottes en brunoise
50 g d'oignons hachés
20 g d'échalote hachée
5 cl de cognac
3 dl de fumet de poisson
(p. 22)
250 g de châtaignes décortiquées (surgelées)
1 dl de lait
1,5 dl de crème fluide
Poivre de Cayenne
Sel, poivre du moulin.

Concasser les carapaces de homard, les faire revenir vivement dans l'huile chaude. Dès qu'elles ont pris une belle couleur rouge vif, ajouter la garniture aromatique, arroser avec le cognac, flamber. Mouiller au fumet de poisson. Assaisonner, laisser cuire et réduire.

Passer ce fumet de homard à la passoire fine en pressant fortement pour recueillir tout le liquide.

Cuire les châtaignes dans le lait, saler, poivrer. Réserver quelques belles châtaignes entières, passer le reste au presse-purée, avec le lait.

Mélanger le fumet de homard et la purée de châtaignes pour obtenir une sauce un peu consistante. Rectifier l'assaisonnement, tenir au chaud.

Au moment de servir, fouetter la crème. Dès qu'elle est bien ferme, l'ajouter délicatement dans la sauce, garnir avec les châtaignes entières réservées. Servir sans attendre.

Pour homard braisé.

CRUSTACÉS

Pour 1/2 l	XX OOO
Prép. : 25 min	
Cuisson : 45 min	

2 homards vivants de 400 à
500 g pièce
2 cuil. à soupe d'huile d'olive
50 g de carottes en brunoise
50 g d'oignons hachés
20 g d'échalote hachée
5 cl de cognac
5 cl de madère
2 dl de fumet de poisson (p. 22)
4 dl de crème fraîche épaisse
30 g de beurre
Poivre de Cayenne
Sel, poivre du moulin.

SAUCE NEWBURG
(à cru)

Couper les homards en deux dans leur longueur. Recueillir le corail – partie crémeuse de couleur bleu verdâtre foncé – dans un bol ; retirer les « sacs à gravier », entrailles non comestibles. Casser les pinces d'un coup du plat du couteau.

Poser les homards sur une plaque, les assaisonner de sel et de poivre, les badigeonner d'un peu d'huile d'olive, les cuire en présentant le côté chair vers la source de chaleur. Décortiquer les chairs, les réserver.

Concasser les carapaces, les faire revenir dans l'huile chaude. Dès qu'elles sont rouge vif, ajouter la garniture aromatique, arroser avec le cognac, flamber, mouiller avec le madère, le fumet de poisson et la crème. Assaisonner, laisser cuire et réduire.

Passer à la passoire fine, en pressant fortement. Poursuivre la réduction jusqu'à l'obtention de la consistance désirée.

Malaxer le corail réservé avec le beurre mou. Incorporer ce mélange dans la sauce bouillante en fouettant, retirer immédiatement du feu, la sauce ne doit plus bouillir. Vérifier l'assaisonnement et relever de cayenne.

Réchauffer la chair des homards dans la sauce, servir sans attendre.

Pour homards grillés.

Pour 1/2 l	XX OOO
Prép. : 10 min	
Cuisson : 25 min	

SAUCE NEWBURG
(à cuit)

1 ou 2 carapaces de homards
cuits
1 cuil. à soupe d'huile d'olive
50 g de carottes en brunoise
50 g d'oignons hachés
20 g d'échalote hachée
5 cl de cognac
5 cl de madère
2 dl de fumet de poisson (p. 22)
4 dl de crème épaisse
Poivre de Cayenne
Sel, poivre du moulin.

Concasser les carapaces de homard, les faire revenir vivement dans l'huile chaude avec la garniture aromatique, arroser avec le cognac, flamber. Mouiller avec le madère, le fumet de poisson et la crème. Assaisonner, laisser cuire et réduire.

Passer toute la sauce à la passoire fine, en pressant fortement pour recueillir tout le liquide.

Poursuivre la cuisson et la réduction jusqu'à l'obtention de la consistance désirée. Vérifier l'assaisonnement et relever de Cayenne.

Pour homard en sauce.

SAUCE ORIENTALE

1 cuil. à soupe d'huile d'olive
500 g d'étrilles ou de petits
crabes
1 cuil. à soupe de cognac
100 g de carottes
2 gousses d'ail
30 g d'échalote
80 g d'oignons
1 dl de vin blanc sec
1/2 l de fumet de poisson
(p. 22)
150 g de tomate fraîche
1 cuil. à soupe de concentré
de tomates
Thym, laurier
1 pleine cuil. à soupe de
poudre de curry
20 g de beurre
20 g de farine
1 cuil. à soupe de cerfeuil et
d'estragon hachés
Poivre de Cayenne
Sel, poivre du moulin.

Faire revenir à l'huile les étrilles lavées pour leur faire prendre une belle couleur rouge. Flamber au cognac. Ajouter les légumes aromatiques coupés en petits morceaux. Laisser étuver quelques minutes.

Mouiller avec le vin blanc et le fumet de poisson. Ajouter les tomates en morceaux, le concentré de tomates, le thym et le laurier. Saler, poivrer, relever d'une pointe de cayenne, condimenter avec le curry. Laisser cuire 20 minutes.

Retirer les étrilles, les concasser, les remettre dans le fond de cuisson. Cuire encore quelques minutes.

Manier le beurre avec la farine, ajouter ce beurre manié dans la sauce, remuer soigneusement, laisser bouillir 2 minutes.

Passer toute la préparation au travers d'une passoire fine en pressant fortement pour recueillir toute la sauce. Faire bouillir, rectifier l'assaisonnement, ajouter les herbes hachées.

Pour langoustes, crevettes royales, grillées.

LES SAUCES À LA BÉCHAMEL

BÉCHAMEL

SAUCE CARDINAL

Pour 1/2 l	✗ ◯◯◯
Prép. : 3 min	
Cuisson : 5 min	

2 dl de sauce Béchamel
2 dl de sauce vin blanc (p. 65)
1 dl de purée de homard
(p. 23)
1 cuil. à café de truffe hachée
Poivre de Cayenne.

Mélanger les sauces et le coulis. Porter à ébullition, ajouter la truffe, relever de cayenne.

Pour croûtes de homard, croustades de fruits de mer...

SAUCE CRÈME

Pour 1/2 l	✗ ◯◯
Prép. : 5 min	
Cuisson : 5 min	

30 g de beurre
30 g de farine
3 dl de lait
2 dl de crème double
Noix de muscade
Sel, poivre du moulin.

Cuire un roux blanc, mouiller avec le lait, délayer soigneusement, cuire. Ajouter la crème. Assaisonner.

Pour légumes, champignons...

SAUCE ÉCOSSAISE

Pour 1/2 l	✗ ◯
Prép. : 5 min	
Cuisson : 3 min	

2 œufs durs
5 dl de sauce Béchamel (p. 38)
Sel, poivre du moulin.

Hacher grossièrement les œufs, les ajouter dans la sauce Béchamel bouillante. Rectifier l'assaisonnement.

Pour chou-fleur en sauce.

BÉCHAMEL

SAUCE HOMARDINE

Pour 1/2 l
Prép. : 10 min
Cuisson : 5 min

4 filets d'anchois
5 dl de sauce Béchamel
(p. 38)
80 g de chair de homard
cuite, coupée en petits dés
Poivre de Cayenne.

Écraser les filets d'anchois en purée, les ajouter dans la béchamel, mélanger soigneusement.

Garnir avec les dés de chair de homard, relever d'une pointe de cayenne.

Pour coquilles Saint-Jacques.

SAUCE HONGROISE

Pour 1/2 l
Prép. : 10 min
Cuisson : 10 min

100 g d'oignons hachés
20 g de beurre
2 cuil. à soupe de paprika en
poudre
1 dl de vin blanc sec
4 dl de sauce Béchamel
(p. 38).

Étuver les oignons dans le beurre chaud sans les laisser colorer, saupoudrer avec le paprika, remuer, mouiller avec le vin blanc, laisser réduire presque à sec.

Ajouter la sauce Béchamel bouillante, laisser cuire quelques instants, rectifier l'assaisonnement si nécessaire.

Pour quenelles de veau, de volaille.

SAUCE HUÎTRES

Pour 1/2 l
Prép. : 15 min
Cuisson : 5 min

1 douzaine de belles huîtres
fines de claire (creuses, 000)
5 dl de sauce Béchamel
(p. 38).

Ouvrir les huîtres, recueillir soigneusement le jus et la chair dans une petite casserole. Faire chauffer l'ensemble rapidement jusqu'au frémissement, ne pas faire bouillir.

Tirer aussitôt la casserole du feu et laisser tiédir.

Égoutter les huîtres, filtrer leur jus à la passoire fine ou, mieux, à travers un filtre à café.

Porter la béchamel à ébullition, ajouter dedans le jus d'huîtres filtré, laisser cuire quelques instants.

Ébarber les huîtres pochées, les couper en deux ou en quatre morceaux, suivant leur grosseur. Les ajouter dans la sauce, qui ne doit plus bouillir.

SAUCE MORNAY

4 dl de sauce Béchamel
(p. 38)
60 g de gruyère râpé
1 dl de crème fraîche épaisse
Noix de muscade
Sel, poivre du moulin.

Incorporer dans la béchamel encore chaude le gruyère et la crème. Rectifier l'assaisonnement, relever d'une pincée de muscade râpée.

Faire chauffer à feu doux.

Pour différents gratins.

SAUCE AUX ŒUFS

2 œufs durs
5 dl de sauce Béchamel
(p. 38)
2 cuil. à soupe de fines herbes
hachées
Sel, poivre du moulin.

Hacher grossièrement les œufs, les ajouter dans la sauce Béchamel bouillante. Rectifier l'assaisonnement, adjoindre les fines herbes au dernier moment.

Pour légumes en sauce.

B É C H A M E L

Pour 1/2 l	✕○
Prép. : 10 min	
Cuisson : 30 min	

SAUCE AUX OIGNONS

200 g d'oignons
4 dl de lait
30 g de beurre
30 g de farine
Muscade
Sel, poivre du moulin.

Émincer finement les oignons, les faire cuire dans le lait jusqu'à ce qu'ils soient tendres. Saler, poivrer, râper un peu de muscade.

Manier le beurre et la farine, s'en servir pour lier la cuisson des oignons.

Verser toute la préparation dans le bol du mixeur. Faire tourner à grande vitesse pour obtenir une sauce lisse et homogène.

Pour «œufs à la tripe».

Pour 1/2 l	✕○
Prép. : 5 min	
Cuisson : 10 min	

SAUCE AU PAIN

4 dl de lait écrémé
1 brindille de thym
1 feuille de laurier
1 clou de girofle
100 g de mie de pain rassise
Sel, poivre du moulin.

Faire bouillir le lait avec les épices et les assaisonnements, laisser cuire doucement 10 minutes.

Passer à la passoire fine sur la mie de pain. Laisser gonfler quelques minutes. Passer au mixeur pour obtenir une sauce homogène.

Sauce pour régime sans matière grasse.

SAUCE SOUBISE

150 g d'oignons
20 g de beurre
1 dl de vin blanc sec
4 dl de sauce Béchamel
(p. 38).

Étuver les oignons émincés dans le beurre chaud, sans les laisser colorer, en remuant régulièrement.

Dès que les oignons sont cuits, mouiller avec le vin blanc, laisser réduire presque à sec. Ajouter la sauce Béchamel bouillante, laisser cuire quelques instants, rectifier l'assaisonnement si nécessaire.

Pour quenelles de veau, de volaille.

SAUCE SMITANE

100 g d'oignons hachés
20 g de beurre
1 dl de vin blanc sec
4 dl de sauce Béchamel
(p. 38).

Étuver les oignons dans le beurre chaud, laisser blondir légèrement en remuant régulièrement.

Dès que les oignons sont dorés, mouiller avec le vin blanc. Laisser réduire presque à sec.

Ajouter la sauce Béchamel bouillante, laisser cuire quelques instants, rectifier l'assaisonnement si nécessaire.

Pour quenelles de veau, de volaille.

AU FUMET DE POISSON

FUMET DE POISSON

Pour 5 dl	✗✗○
Prép. : 5 min	
Cuisson : 5 min	

SAUCE AUX ANCHOIS

---

4 dl de sauce normande
(p. 111)
80 g de beurre d'anchois
(p. 146)
4 filets d'anchois coupés en
petits dés.

Porter la sauce normande à ébullition, incorporer le beurre d'anchois petit à petit en fouettant pour rendre la sauce légère et brillante.

Garnir au dernier moment avec les dés de filets d'anchois.

Pour poissons blancs au court-bouillon.

Pour 5 dl	✗✗∞
Prép. : 10 min	
Cuisson : 15 min	

SAUCE BERCY

---

30 g d'échalote hachée
10 g de beurre
5 cl de vin blanc sec
5 cl de fumet de poisson
(p. 22)
5 dl de velouté de poisson
(p. 35)
1 cuil. à soupe de persil haché
Sel, poivre du moulin.

Faire étuver l'échalote hachée dans le beurre chaud sans laisser colorer. Mouiller avec le vin blanc et le fumet, laisser réduire presque à sec. Ajouter le velouté, faire cuire, rectifier l'assaisonnement, ajouter le persil haché au moment de servir.

Pour darnes de saumon, de colin... grillées.

FUMET DE POISSON

Pour 5 dl	XX ⃝⃝
Prép. : 15 min	
Cuisson : 25 min	

1 tomate moyenne mûre à point
100 g d'oignons hachés
20 g de beurre
1 gousse d'ail
1 dl de vin blanc sec
4 dl de velouté de poisson
(p. 35)
1 cuil. à soupe de persil haché
Sel, poivre du moulin.

SAUCE BRETONNE

Ébouillanter la tomate pour pouvoir l'éplucher. La couper en deux, retirer les graines, hacher la pulpe.

Étuver les oignons hachés dans le beurre chaud sans les laisser colorer, ajouter la pulpe de tomate, la gousse d'ail écrasée, saler, poivrer, laisser cuire 15 minutes.

Mouiller avec le vin blanc, laisser réduire de moitié. Ajouter le velouté, laisser cuire quelques instants, rectifier l'assaisonnement.

Mélanger le persil haché au moment de l'emploi.

Pour coquilles Saint-Jacques.

Pour 5 dl	XX ⃝⃝
Prép. : 15 min	
Cuisson : 20 min	

150 g de blancs de poireaux
50 g de céleri-rave
50 g de champignons de Paris bien blancs
Le jus de 1/2 citron
20 g de beurre
4 dl de velouté de poisson
(p. 35)
5 cl de crème double
Sel, poivre du moulin.

SAUCE BRETONNE AUX POIREAUX

Tailler le poireau, le céleri et les champignons en fine julienne, les arroser avec le jus de citron.

Faire étuver l'ensemble dans le beurre chaud, sans laisser colorer. Remuer régulièrement. Saler, poivrer. Mouiller avec le velouté, porter à ébullition, crémer, rectifier l'assaisonnement.

Pour coquilles Saint-Jacques et autres coquillages.

Pour 5 dl	X ⃝
Prép. : 2 min	
Cuisson : 3 min	

4 dl de velouté de poisson
(p. 35)
1 dl de purée de crustacés
(confectionnée avec des carapaces de crevettes).

SAUCE CREVETTE

Porter le velouté de poisson à ébullition. Ajouter dedans, en fouettant, la purée de crustacés.

Pour mousselines de poisson, quenelles...

Pour 5 dl	
Prép. : 15 min	
Cuisson : 20 min	

SAUCE GRATIN

50 g d'échalote hachée
1 dl de vin blanc sec
50 g de duxelles (p. 51)
3 dl de velouté de poisson
(p. 35)
1 dl de glace de poisson
(p. 28)
1 cuil. à soupe de persil haché
Sel, poivre du moulin.

Faire réduire à sec l'échalote avec le vin blanc. Ajouter la duxelles et le velouté, porter à ébullition.

Incorporer la glace de poisson en plein feu en fouettant, rectifier l'assaisonnement, ajouter le persil haché.

Pour coquilles de poisson.

Pour 5 dl	
Prép. : 10 min	
Cuisson : 25 min	

SAUCE HACHÉE

50 g d'échalote hachée
50 g d'oignon haché
20 g de beurre
1 dl de vinaigre d'alcool coloré
4 dl de velouté de poisson
(p. 35)
50 g de duxelles (p. 51)
2 filets d'anchois hachés
Sel, poivre du moulin.

Étuver l'échalote et l'oignon dans le beurre chaud sans les laisser colorer. Mouiller avec le vinaigre, laisser réduire presque à sec.

Ajouter le velouté, la duxelles et les filets d'anchois, saler si nécessaire. Poivrer. Laisser bouillir quelques instants.

Pour filets de poissons blancs au plat.

Pour 5 dl	
Prép. : 5 min	
Cuisson : 2 min	

SAUCE JOINVILLE

4 dl de sauce normande
(p. 111)
1 dl de purée de crevettes
(p. 23).

Mélanger, porter à ébullition.

Pour cassolettes d'écrevisses.
Cette sauce peut être garnie de queues de crevettes décortiquées et d'une fine julienne de truffes.

FUMET DE POISSON

Pour 5 dl	⋈⋈ ⚬⚬⚬
Prép. : 25 min	
Cuisson : 6 min	

SAUCE AUX HUÎTRES

1 douzaine d'huîtres fines de claire n° 3
4 dl de sauce normande (p. 111)
Poivre du moulin.

Ouvrir les huîtres avec précaution, recueillir soigneusement leur jus, détacher la chair, les faire glisser au fur et à mesure dans une petite casserole, poivrer.

Porter rapidement sur le feu, laisser prendre 2 secondes d'ébullition, retirer aussitôt, égoutter les huîtres.

Récupérer tout le jus, l'ajouter dans la casserole, le faire bouillir, le filtrer pour éliminer tout le sable ou les éventuels éclats de coquilles, l'ajouter dans la sauce normande.

Porter l'ensemble à ébullition. Rectifier l'assaisonnement si nécessaire, le jus d'huîtres est particulièrement salé.

Ébarber soigneusement les huîtres, les ajouter au dernier moment dans la sauce, juste pour les chauffer. Ne plus faire bouillir, les huîtres recuiraient et deviendraient caoutchouteuses.

Pour darnes et tronçons de turbot poché.

ÉBARBER LES HUÎTRES, MOULES ET AUTRES COQUILLAGES

Le corps des huîtres (moules…) est prolongé par une enveloppe charnue, le manteau, elle-même bordée de cils vibratiles qui sont des organes sensoriels (sur les bords du manteau des coquilles Saint-Jacques, on distingue des points brillants, les yeux) principalement tactiles, fixés sur des terminaisons nerveuses, ligamentaires et musculaires.

À la cuisson, ce liseré gris noirâtre durcit, devient élastique. Armé d'une paire de petits ciseaux autant que de patience, découper soigneusement cette bordure à la texture désagréable.

Sur les moules, lorsqu'elles sont assez grosses et juste cuites à point, cette opération peut se faire délicatement avec les doigts.

SAUCE GENEVOISE

50 g d'oignon
50 g de carotte
60 g de beurre
25 cl de vin rouge
2 filets d'anchois coupés en
petits morceaux
5 dl de velouté de poisson
(p. 35)
Sel, poivre du moulin.

Hacher l'oignon et la carotte, les faire étuver dans 10 g de beurre sans les laisser colorer. Mouiller avec le vin rouge, laisser réduire presque à sec.

Ajouter les filets d'anchois et le velouté de poisson, mélanger, porter à ébullition, laisser cuire 2 à 3 minutes.

Passer la sauce à la passoire fine en pressant fortement pour recueillir tout le liquide.

Rectifier l'assaisonnement, monter la sauce avec le reste de beurre ajouté petit à petit en fouettant.

Pour filets de carpe au four.

FUMET DE POISSON

Pour 5 dl	✗○
Prép. : 10 min	
Cuisson : 20 min	

50 g de carotte
50 g de beurre
4 dl de velouté de poisson
(p. 35)
Le jus de 1/2 citron
1 cuil. à soupe de persil haché
1 cuil. à café de truffe coupée
en fine julienne (facultatif)
Sel, poivre du moulin.

SAUCE LIVONIENNE

Couper la carotte en fine julienne, la faire étuver dans une noisette de beurre, à couvert, sans laisser colorer. Saler, poivrer.

Porter le velouté à ébullition, ajouter le reste de beurre en fouettant. Acidifier avec le jus de citron.

Garnir avec la julienne de carotte, le persil haché et, facultativement, la truffe.

Pour poissons de rivière braisés (carpe, sandre...).

Pour 5 dl	✗○
Prép. : 2 min	
Cuisson : 5 min	

4 dl de velouté de poisson
(p. 35)
1 dl de sauce tomate (p. 39).

SAUCE MADRILÈNE

Mélanger les deux sauces, les porter à ébullition.

Pour quenelles de poissons.

Pour 5 dl	✗✗○○
Prép. : 20 min	
Cuisson : 10 min	

500 g de moules fraîches
5 cl de vin blanc sec
30 g d'échalote hachée
60 g de beurre
5 cl de fumet de poisson
(p. 22)
4 dl de velouté de poisson
(p. 35)
1 cuil. à soupe de persil haché
Sel, poivre du moulin.

SAUCE MARINIÈRE

Laver les moules, les cuire rapidement avec le vin blanc, poivrer.

Retirer les moules dès qu'elles sont ouvertes, les décoquiller, les ébarber.

Filtrer le jus de cuisson des moules, le faire réduire pour en obtenir 1 dl.

Faire étuver l'échalote hachée dans 10 g de beurre chaud sans laisser colorer, mouiller avec le fumet, laisser réduire presque à sec. Ajouter le velouté et le jus de moules, faire cuire, rectifier l'assaisonnement — attention, le jus de moules est salé.

Incorporer le reste de beurre en fouettant pour rendre la sauce légère et brillante. Garnir avec les moules ébarbées, ajouter le persil haché au moment de servir.

Pour quenelles de poisson.

SAUCE NANTUA

300 g d'écrevisses
5 cl d'huile
5 cl de cognac
50 g de carotte
50 g d'oignon
30 g de céleri-rave
20 g d'échalote
100 g de tomate
1 dl de fumet de poisson
(p. 22)
5 dl de velouté de poisson
(p. 35)
20 g de farine
20 g de beurre
Poivre de Cayenne
Sel, poivre du moulin.

Laver les écrevisses, les égoutter.

Chauffer l'huile dans une cocotte, y faire revenir vivement les écrevisses pour qu'elles prennent une belle couleur rouge vif. Les flamber avec le cognac.

Couper les légumes de la garniture aromatique en fine brunoise, les ajouter aux écrevisses, laisser étuver en remuant.

Concasser la tomate, l'ajouter dans la préparation, mouiller avec le fumet de poisson, porter à ébullition. Écraser les écrevisses avec une spatule en bois. Verser par-dessus tout le velouté de poisson, laisser cuire doucement 30 minutes. Assaisonner.

Manier la farine avec le beurre.

Passer la sauce à la passoire fine en pressant très fortement pour recueillir tout le liquide. Mettre à bouillir en plein feu. Lier à consistance avec le beurre manié. Rectifier l'assaisonnement, relever d'une pointe de cayenne.

Pour gratin de queues d'écrevisses.

FUMET DE POISSON

Pour 5 dl	
Prép. : 10 min	
Cuisson : 15 min	

SAUCE NORMANDE

*3 dl de velouté de poisson
(p. 35)
1 dl d'essence de
champignons (p. 29)
5 cl de jus d'huîtres
2 jaunes d'œufs
80 g de crème fraîche
Quelques gouttes de jus de
citron
50 g de beurre
Sel, poivre du moulin.*

Mêler le velouté, l'essence de champignons et le jus d'huîtres. Porter à ébullition. Laisser cuire et réduire pour ramener le volume à 3,5 dl.

Mélanger énergiquement les jaunes d'œufs et la crème, acidifier d'un peu de jus de citron, saler, poivrer.

Lier le velouté bouillant avec les œufs battus dans la crème. Dès que la liaison est prise, retirer du feu, ajouter le beurre petit à petit en fouettant. Rectifier l'assaisonnement si nécessaire.

Pour filets de sole.

Pour 5 dl	✗○
Prép. : 5 min	
Cuisson : 5 min	
Infusion : 20 min	

SAUCE AU PERSIL

*5 dl de velouté de poisson
(p. 35)
1 bottillon de persil plat
Sel, poivre du moulin.*

Porter le velouté de poisson à ébullition.

Laver, effeuiller le persil. Concasser les tiges, les plonger dans le velouté bouillant. Retirer du feu, couvrir la casserole. Laisser infuser.

Blanchir rapidement les feuilles de persil, les refroidir, les égoutter, les sécher sur un papier absorbant.

Passer le velouté à la passoire fine, le verser dans le bol d'un mixeur. Ajouter les feuilles de persil, faire tourner à grande vitesse pour pulvériser l'ensemble. Rectifier l'assaisonnement.

Utiliser sans attendre quand la sauce est encore mousseuse.

Pour cassolettes d'escargots.

SAUCE RUBENS

Pour 5 dl
Prép. : 20 min
Cuisson : 25 min

50 g de carotte
50 g d'oignon
30 g de céleri-rave
20 g d'échalote
1 tige de persil
1 dl de vin blanc sec
1 dl de fumet de poisson
(p. 22)
200 g de beurre
2 filets d'anchois à l'huile
1 dl de purée d'écrevisses
(p. 23)
4 jaunes d'œufs
Sel, poivre du moulin.

Tailler tous les légumes de la garniture aromatique en fine mirepoix, mouiller avec le vin blanc et le fumet de poisson. Faire réduire vivement pour obtenir 1 dl de liquide. Passer cette réduction à la passoire fine.

Mettre le beurre à fondre et à clarifier.

Écraser les filets d'anchois en purée.

Porter la purée d'écrevisses à ébullition, mélanger dedans la purée d'anchois, laisser tiédir.

Dans une casserole, réunir la réduction au fumet et les jaunes d'œufs. Fouetter à chaleur modérée, comme pour une sauce hollandaise. Incorporer le beurre clarifié petit à petit, sans cesser de remuer.

Mélanger au dernier moment le coulis d'écrevisses aux anchois. Rectifier l'assaisonnement si nécessaire.

FUMET DE POISSON

Pour 5 dl	
Prép. : 10 min	
Cuisson : 10 min	

SAUCE « VIN BLANC »

3 dl de velouté de poisson
(p. 35)
3 jaunes d'œufs
150 g de beurre
Le jus de 1/2 citron
Sel, poivre du moulin.

Porter le velouté de poisson à ébullition.

Fouetter les jaunes d'œufs dans une casserole avec quelques gouttes d'eau froide. Verser dessus, petit à petit, le velouté bouillant sans cesser de fouetter. Tenir au chaud, au bain-marie.

Incorporer petit à petit le beurre frais divisé en petits morceaux, en fouettant toujours énergiquement. Ajouter le jus de citron. Rectifier l'assaisonnement.

Pour filets de poisson pochés, glacés sous la salamandre.

Pour 5 dl	
Prép. : 10 min	
Cuisson : 5 min	

SAUCE « VIN BLANC »
2ᵉ méthode

1 dl de glace de poisson (p. 28)
4 dl de sauce hollandaise
(p. 42)
Le jus de 1/2 citron
Sel, poivre du moulin.

Porter la glace de poisson à ébullition. L'incorporer petit à petit dans la hollandaise chaude en fouettant énergiquement. Ajouter le jus de citron, rectifier l'assaisonnement si nécessaire.

Pour 5 dl	
Prép. : 15 min	
Cuisson : 20 min	

SAUCE « VIN ROUGE »

50 g d'échalote hachée
1 brindille de thym
1 dl de vin rouge (bon
bourgogne, par exemple)
1 dl de glace de poisson (p. 28)
300 g de beurre
Sel, poivre du moulin.

Faire réduire presque à sec l'échalote avec le thym émietté et le vin rouge. Ajouter la glace de poisson, porter vivement à ébullition.

Incorporer le beurre frais petit à petit, sans cesser de fouetter. Assaisonner.

Pour 5 dl	✗ⲟⲟⲟ
Prép. : 10 min	
Cuisson : 10 min	

SAUCE SCOTT

50 g de carotte
50 g de céleri-rave
20 g de beurre
10 g de truffe noire
5 dl de sauce normande
(p. 110)
Sel, poivre du moulin.

Couper la carotte et le céleri en fine brunoise, les faire étuver dans le beurre chaud sans les laisser colorer.

Couper également la truffe, l'ajouter à la brunoise, saler, poivrer, mélanger.

Mouiller avec la sauce normande, laisser cuire quelques instants pour bien marier les saveurs.

Pour saumon braisé, entier, en filets ou en darnes.

Pour 5 dl	✗ⲟ
Prép. : 20 min	
Cuisson : 10 min	

SAUCE SUCHET

50 g de carotte
50 g de céleri-rave
50 g de blanc de poireau
20 g de beurre
Une pincée de sucre
4 dl de sauce «vin blanc»
(p. 112)
Sel, poivre du moulin.

Éplucher, laver les légumes, les tailler en fine julienne.

Faire étuver la julienne dans le beurre chaud, sans laisser colorer. Saler, poivrer, ajouter une pincée de sucre pour neutraliser l'amertume des légumes.

Garnir la sauce «vin blanc» chaude avec la julienne cuite, rectifier l'assaisonnement si nécessaire.

*Pour coquilles de poissons,
coquillages pochés.*

AU FROMAGE

AU FROMAGE

---

6 pers.
Prép. : 5 min
✗ ⊙⊙

SAUCE CRÈME AU CHAOURCE

300 g de chaource
2 dl de crème fraîche liquide
1 cuil. de ciboulette ciselée
Sel, poivre du moulin.

Gratter légèrement la croûte du fromage pour retirer la fleur.
Écraser vigoureusement le fromage à l'aide d'une fourchette, le réduire en pâte. Détendre cette masse avec la crème pour obtenir la consistance d'une mayonnaise ferme ; saler, poivrer. Mélanger avec la ciboulette.

Pour macédoine de légumes.

---

6 pers.
Prép. : 10 min
✗ ○

SAUCE « FAISSELLE » AU PIMENT D'ESPELETTE

300 g de faisselle bien égouttée
2 dl de crème fraîche liquide
1 gousse d'ail écrasée
1 cuil. à café rase de piment d'Espelette réduit en poudre
Le jus de 1/2 citron
Sel.

Malaxer la faisselle avec la crème pour obtenir la consistance d'une sauce.
Saler, mélanger l'ail, le piment et le jus de citron.

Pour terrines de poissons.

AU FROMAGE

| 6 pers. | ✗✗O |
| Prép. : 10 min | |

SAUCE MOUSSEUSE AUX PETITS-SUISSES

3 petits-suisses
Le jus de 1/2 citron
2 cuil. à soupe de fines herbes hachées
2 dl de crème fraîche liquide
Sel, poivre du moulin.

Écraser les petits-suisses, les mélanger avec le jus de citron, les fines herbes, saler, poivrer.

Fouetter la crème pour l'obtenir bien ferme et légère. Incorporer délicatement la crème fouettée dans le mélange des petits-suisses.

Servir bien frais.

Pour poissons froids.

En utilisant des noix fraîches, le trempage n'est pas indispensable. La membrane qui enveloppe la pulpe de la noix peut se retirer aisément. Lorsque les noix sont anciennes, cette membrane a séché, elle adhère à la noix, elle donne une saveur un peu âcre que le trempage au lait atténue.

6 pers.	✗OO
Trempage : 12 h	
Prép. : 10 min	

SAUCE DE ROQUEFORT AUX NOIX

100 g de cerneaux de noix
1 dl de lait
250 g de roquefort
2 dl de crème fraîche liquide
Sel, poivre du moulin.

Laisser tremper les cerneaux de noix dans le lait pendant une douzaine d'heures.

Les égoutter, les frotter dans un linge propre pour les sécher.

Mixer les noix avec le roquefort et la crème. Saler, poivrer.

Pour viandes grillées.

6 pers.	
Prép. : 10 min	
Cuisson : 5 min	

SAUCE YAOURT AU CITRON

1 citron jaune
1 citron vert
2 yaourts nature de 120 g à
0 % de M.G.
Sel, poivre du moulin.

Avec un couteau économe, prélever un ruban de zeste de citron jaune, un autre de citron vert. Les couper en très fine julienne. Les ébouillanter quelques secondes, les égoutter.

Brasser les yaourts avec le jus des citrons — attention, si les citrons sont très juteux, ne pas mettre tout le jus, pour garder à la sauce une consistance crémeuse —, saler, poivrer, ajouter la julienne des zestes.

Pour terrine de poisson.

6 pers.	
Prép. : 10 min	

SAUCE YAOURT AUX FINES HERBES

3 yaourts nature de 120 g à
0 % de M.G.
3 cuil. à soupe de fines herbes
hachées
Sel, poivre du moulin.

Brasser les yaourts, les assaisonner, ajouter les fines herbes.

Pour poissons froids.

6 pers.	
Prép. : 15 min	

SAUCE YAOURT À L'INDIENNE

1 pomme type granny
Le jus de 1 citron
2 yaourts nature de 120 g à
0 % de M.G.
1 cuil. à soupe de poudre de
curry
Sel, poivre du moulin.

Éplucher, couper la pomme en fine brunoise, l'arroser avec le jus de citron pour qu'elle ne s'oxyde pas.

Brasser les yaourts avec le curry, ajouter la brunoise de pomme et le jus de citron. Saler, poivrer.

FRUITS, LÉGUMES ET PURÉES

FRUITS, LÉGUMES, PURÉES

CHUTNEY AUX FRUITS

Pour 500 g	✂✂ ∞
Prép. : 30 min	
Trempage : 20 min	
Cuisson : 20 min	

30 g de raisins secs de Corinthe
1 mangue
1 petit ananas Victoria
2 bananes
1 dl de vinaigre blanc
2 citrons verts
15 g de gingembre frais râpé
2 gousses d'ail écrasées
1 clou de girofle écrasé en poudre
Une pincée de cannelle
100 g de sucre roux en poudre.

Mettre les raisins secs à tremper dans de l'eau tiède.

Éplucher les fruits, couper la chair en petits cubes.

Faire bouillir le vinaigre, plonger dedans les cubes de fruits. Râper dessus le zeste des citrons verts. Mélanger avec le gingembre, l'ail, le clou de girofle, la cannelle, les raisins égouttés, le jus de 2 citrons et le sucre roux (1). Laisser cuire doucement pour compoter l'ensemble (2). Laisser refroidir avant utilisation.

Pour accompagner les curry.

Le chutney peut être préparé à l'avance, en assez grande quantité. Il se conserve comme de la confiture.

1   2

SAUCE AUX AIRELLES

Pour 5 dl	✂✂ ○
Prép. : 5 min	
Cuisson : 20 min	

800 g d'airelles sauvages
6 baies de genièvre
1 cuil. à soupe de cassonade.

Cuire les airelles dans juste assez d'eau pour les couvrir. Condimenter avec les baies de genièvre pulvérisées.

Égoutter les airelles, garder l'eau de cuisson. Passer les airelles au moulin à légumes à la grille fine. Récupérer la purée obtenue, la détendre avec un peu d'eau de cuisson jusqu'à la consistance désirée. Sucrer légèrement avec la cassonade.

Juste au moment de servir, l'émulsionner quelques instants à l'aide d'un mixeur plongeant.

Pour oie rôtie.

FRUITS, LÉGUMES, PURÉES

Pour 5 dl
Prép. : 15 min
Cuisson : 35 min

COULIS AUX DEUX CÉLERIS

300 g de céleri-rave
300 g de cœur de céleri
Le jus de 1/2 citron
1 dl de crème fraîche épaisse
Sel, poivre du moulin.

Éplucher, nettoyer, laver, égoutter le céleri-rave et le cœur de céleri. Citronner le céleri-rave. Réserver les feuilles les plus vertes des branches du cœur de céleri.

Couper les céleris en morceaux, les cuire à l'eau bouillante salée. Les égoutter, réserver l'eau de cuisson.

Mixer la chair de céleri, la passer à la passoire fine pour éliminer toutes les fibres. Presser fortement pour recueillir toute la purée, la détendre avec quelques cuillerées d'eau de cuisson. Ajouter la crème, rectifier l'assaisonnement, ciseler les feuilles vertes réservées, les ajouter dans le coulis au dernier moment.

Pour volaille pochée, poule-au-pot.

Pour 5 dl   ✗○
Prép. : 15 min
Cuisson : 25 min

SAUCE AU FENOUIL

500 g de bulbes de fenouil
1/4 l de sauce au beurre à
l'anglaise (p. 64)
5 cl d'apéritif anisé
Sel, poivre du moulin.

Nettoyer les bulbes de fenouil, les couper en quatre, les cuire à l'eau bouillante salée.

Égoutter le fenouil, le hacher finement au couteau, l'ajouter dans la sauce au beurre bouillante. Assaisonner.

Verser l'apéritif anisé au moment de l'emploi.

Pour poissons et viandes bouillies.

6 pers.   ✗○
Prép. : 5 min
Cuisson : 5 min

SAUCE GROSEILLE AU RAIFORT

150 g de gelée de groseille
50 g de raifort râpé conservé
au vinaigre d'alcool
Poivre du moulin.

Porter la gelée de groseille à ébullition, mélanger dedans le raifort. Poivrer assez fortement.

Pour gigot d'agneau en pot-au-feu, bœuf à la ficelle.

6 pers.
Prép. : 10 min
Cuisson : 10 min

SAUCE OXFORD

30 g d'échalote hachée
5 cl de vinaigre de vin
150 g de gelée de groseille
5 cl de vin de Porto rouge
1 orange
1 cuil. à soupe de moutarde forte
10 g de gingembre frais râpé
Poivre de Cayenne
Poivre noir du moulin.

Faire réduire à sec l'échalote avec le vinaigre. Verser dessus la gelée de groseille et le porto, amener à ébullition. Laisser refroidir.

Prélever un ruban de zeste d'orange, presser le jus. Couper le zeste en fine julienne, le faire blanchir rapidement à l'eau bouillante, le refroidir, l'égoutter.

Détendre légèrement la gelée de groseille refroidie avec le jus d'orange pour qu'elle soit coulante. Mélanger la moutarde et le gingembre, garnir avec la julienne de zeste. Poivrer, relever de cayenne.

Pour jambon braisé au miel.

6 pers.
Prép. : 10 min
Cuisson : 10 min

SAUCE CUMBERLAND

30 g d'échalote hachée
5 cl de vinaigre de vin
150 g de gelée de groseille
5 cl de vin de Porto rouge
1/2 orange
1/2 citron
1 cuil. à soupe de moutarde forte
10 g de gingembre frais râpé
Poivre de Cayenne
Poivre noir du moulin.

Faire réduire à sec l'échalote avec le vinaigre. Verser dessus la gelée de groseille et le porto, amener à ébullition. Laisser refroidir.

Prélever un ruban de zeste d'orange, un autre de citron. Presser les jus.

Couper les zestes en fine julienne, les faire blanchir rapidement à l'eau bouillante, les refroidir, les égoutter.

Détendre légèrement la gelée de groseille refroidie avec le jus d'orange et du jus de citron pour qu'elle soit coulante. Mélanger la moutarde et le gingembre, garnir avec les zestes. Poivrer. Relever de cayenne.

Pour pavés d'autruche sautés.

FRUITS, LÉGUMES, PURÉES

6 pers.	✗O
Prép. : 15 min	
Cuisson : 20 min	

SAUCE AUX POMMES

600 g de pommes type boskoop
ou reinette grise
1 cuil. à soupe de sucre roux
1 cuil. à café de cannelle
en poudre.

Éplucher les pommes, les diviser en quartiers en supprimant le cœur et les pépins. Les mettre à cuire doucement, à couvert, avec le sucre et la cannelle.

Si nécessaire, ajouter une cuillerée d'eau froide.

Lorsque les pommes sont cuites, les mixer. Servir bien chaud.

Pour rôti de porc, côtes de porc…

Pour 1/2 l	✗✗O
Prép. : 20 min	
Cuisson : 30 min	

SAUCE PORTUGAISE

150 g d'oignons
1 dl d'huile d'olive
1 kg de tomates mûres à point
2 gousses d'ail
1 cuil. à soupe de glace de
viande (facultatif) (p. 28)
2 cuil. à soupe de persil haché
Une pincée de sucre
Sel, poivre du moulin.

Hacher les oignons, les faire étuver dans l'huile chaude, leur donner une légère coloration blonde.

Ébouillanter les tomates, les rafraîchir, les monder, les diviser en deux pour éliminer les graines. Hacher grossièrement la chair des tomates, l'ajouter aux oignons avec le sucre, assaisonner. Cuire en remuant de temps en temps. À mi-cuisson, ajouter les gousses d'ail dégermées et écrasées en purée.

Au dernier moment, mélanger la glace de viande et le persil haché.

Pour pâtes, riz…

Le sucre, utilisé en petite quantité, neutralise l'acidité des tomates. Il n'est pas nécessaire si les tomates sont parfaitement mûres et gorgées de soleil.

En cas d'absolue nécessité, la glace de viande peut être remplacée par un «cube» d'extrait de bouillon du commerce.

ATTENTION : les cubes de bouillon sont fabriqués à partir d'extraits secs de viande (de bœuf ou de volaille selon le cas), de condiments, de sel et de graisses.

La concentration en sel est importante et les extraits secs sont malaxés dans de la graisse — neutre et purifiée — qui agit comme fixateur d'arômes et agent de texture.

Ces adjuvants sont à utiliser avec précaution dans le cas d'alimentation surveillée ou de régimes.

SAUCE PROVENÇALE

Pour 1/2 l
Prép. : 20 min
Cuisson : 30 min

1 kg de tomates mûres à point
1 dl d'huile d'olive
1 gousse d'ail dégermée et écrasée
200 g de champignons de Paris
Une pincée de sucre
2 cuil. à soupe de persil haché
Sel, poivre du moulin.

Ébouillanter les tomates, les rafraîchir, les monder, les diviser en deux pour éliminer les graines.

Hacher grossièrement la chair des tomates, la mettre à cuire dans la moitié de l'huile avec le sucre, assaisonner. Cuire en remuant de temps en temps. À mi-cuisson, ajouter la gousse d'ail.

Nettoyer, laver, sécher les champignons. Les couper en bâtonnets. Les cuire rapidement dans le reste d'huile en les faisant sauter. Assaisonner.

Mélanger les champignons sautés dans la tomate cuite. Ajouter le persil au dernier moment.

Pour morue pochée.

SAUCE POTIRON EN CAPPUCCINO

Pour 1/2 l
Prép. : 15 min
Cuisson : 25 min

400 g de chair de potiron
2 gousses d'ail
1 dl de lait
1,5 dl de crème fraîche liquide
Quelques filaments de safran (facultatif)
Sel, poivre du moulin.

Couper la chair de potiron en cubes, écraser les gousses d'ail.

Réunir dans une casserole le potiron, l'ail et le lait, saler, faire cuire.

Mixer directement le potiron cuit avec l'ail et le lait, tenir au chaud.

Fouetter la crème bien froide. Dès qu'elle est ferme, l'incorporer délicatement à la purée de potiron chaude, poivrer, décorer de quelques filaments de safran. Utiliser sans attendre.

Pour coquilles Saint-Jacques.

FRUITS, LÉGUMES, PURÉES

6 pers.
Trempage : 20 min
Prép. : 15 min
Cuisson : 15 min

CHUTNEY À LA MANGUE

30 g de raisins secs de Corinthe
2 mangues mûres à point
1 dl de vinaigre blanc
1 citron vert
10 g de gingembre râpé
1 gousse d'ail écrasée
50 g de sucre roux
1 dl de liqueur de lychees.

Mettre les raisins à tremper dans de l'eau tiède.

Éplucher les mangues, couper la chair en petits cubes.

Faire bouillir le vinaigre, ajouter les cubes de mangue, râper dessus le zeste du citron vert. Mélanger le gingembre, l'ail, les raisins égouttés, le sucre roux et le jus du citron vert. Laisser cuire doucement pour compoter l'ensemble.

Hors du feu, ajouter la liqueur de lychees et laisser complètement refroidir.

Pour accompagner du foie gras.

Pour 5 dl
Prép. : 10 min

COULIS DE BETTERAVE ROUGE À L'HUILE DE SÉSAME

400 g de betteraves rouges cuites
1 dl de crème fraîche liquide
1 dl d'huile de sésame
1 cuil. à soupe de graines de sésame grillées
Sel, poivre du moulin.

Éplucher les betteraves, les couper en morceaux. Les mixer avec la crème et l'huile de sésame. Saler, poivrer.

Ajouter les graines de sésame au dernier moment.

Avec une terrine de poisson.
L'huile de sésame ne supporte pas la cuisson. La chaleur détruit son délicat parfum.

Pour 5 dl
Prép. : 15 min
Cuisson : 25 min

COULIS DE CAROTTES À LA SAUGE

800 g de carottes
1 dl de crème fraîche fluide
1 jus de citron
1 cuil. à soupe de fines herbes hachées
1 cuil. à soupe de feuilles de sauge hachées
Sel, poivre du moulin.

Éplucher, laver, couper les carottes en tronçons. Les cuire à l'eau bouillante salée, les égoutter, réserver l'eau de cuisson.

Mixer les carottes encore chaudes. Recueillir la purée obtenue, la détendre avec un peu d'eau de cuisson pour lui donner la consistance d'une sauce. Laisser refroidir.

Fouetter la crème bien froide. Dès qu'elle est montée et ferme, l'incorporer délicatement à la purée de carottes. Ajouter le jus de citron, les fines herbes et la sauge. Rectifier l'assaisonnement.

Avec un flan de légumes.

Pour 5 dl
Prép. : 5 min
Cuisson : 5 min

COULIS DE PERSIL À L'HUILE D'OLIVE

1 grosse botte de persil plat
d'environ 500 g
2 filets d'anchois
2 dl d'huile d'olive extravierge
Sel, poivre du moulin.

Laver, égoutter le persil, tiges et feuilles. Le blanchir 2 minutes dans une grande quantité d'eau bouillante salée. Le refroidir immédiatement dans de l'eau froide. L'égoutter soigneusement.

Mixer le persil avec les filets d'anchois, ajouter progressivement l'huile d'olive. Saler, poivrer.

Pour poissons blancs grillés.

FRUITS, LÉGUMES, PURÉES

GUACAMOLE

6 pers.
Prép. : 10 min
Cuisson : 5 min

XO

1 tomate moyenne
1 petit oignon haché
Quelques feuilles de persil
1 petit piment rouge
2 avocats mûrs à point
Le jus de 1 citron vert
2 cuil. à soupe d'huile d'olive
Quelques gouttes de Tabasco
Sel, poivre du moulin.

Ébouillanter la tomate pour pouvoir l'éplucher, la couper en deux. Supprimer les graines. Hacher la pulpe avec l'oignon, le persil et le piment.

Ouvrir les avocats, retirer les noyaux, recueillir la chair avec une cuillère.

Écraser la chair des avocats dans un bol avec une fourchette, arroser avec le jus de citron, mélanger dedans tous les ingrédients, saler, poivrer, relever avec le Tabasco.

Pour viandes grillées.

COULIS DE TOMATES AU BASILIC

Pour 5 dl
Prép. : 10 min
Cuisson : 5 min

XO

4 gousses d'ail dégermées
800 g de tomates mûres à point
2 dl d'huile d'olive
1 pincée de sucre
2 cuil. à soupe de basilic ciselé
Sel, poivre du moulin.

Faire blanchir les gousses d'ail pendant quelques minutes à l'eau bouillante, les retirer.

Dans la même eau, ébouillanter les tomates pour pouvoir les éplucher. Les couper en deux, retirer les graines.

Réunir dans le bol du mixeur la chair de tomates, les gousses d'ail, l'huile d'olive, le sucre, du sel et du poivre. Pulvériser le tout.

Ajouter le basilic fraîchement haché au dernier moment pour qu'il conserve sa belle couleur verte et tout son parfum.

Pour viandes grillées.

Pour 1/2 l
Prép. : 5 min
Cuisson : 20 min

✗○

MOUSSELINE DE PETITS POIS FRAIS À LA MENTHE

500 g de petits pois frais écossés (à défaut, les surgelés conviennent aussi)
2 dl de crème fraîche liquide
1 cuil. à soupe de menthe fraîche hachée
Sel, poivre du moulin.

Cuire les petits pois à l'eau bouillante salée, les égoutter. Les mixer quand ils sont chauds, les passer à la passoire fine ou au tamis pour éliminer les enveloppes coriaces des pois. Presser fortement pour recueillir toute la purée, saler, poivrer, laisser refroidir.

Fouetter la crème bien froide. Quand elle est montée, bien ferme, l'incorporer délicatement à la purée de pois. Rectifier l'assaisonnement.

Mélanger la menthe au dernier moment.

Pour gigot d'agneau froid, assiette anglaise.

FRUITS, LÉGUMES, PURÉES

Pour 1/2 l
Prép. : 20 min
Cuisson : 20 min

SAUCE BARBECUE AUX LÉGUMES

1 poivron vert
2 oignons moyens
3 gousses d'ail
3 cuil. à soupe de concentré de tomates
1 bouquet garni
5 cl d'huile d'olive
1 dl de ketchup
1 dl de vinaigre de vin
Le jus de 1/2 citron
50 g de moutarde forte
1 cuil. à soupe de sucre roux
Une pincée de poivre de Cayenne.

Rassembler dans une casserole tous les légumes épluchés et coupés en morceaux avec le concentré de tomates, le bouquet garni et un verre d'eau. Couvrir et cuire 20 minutes à feu doux.

Mixer le coulis obtenu, ajouter le reste des ingrédients. Mélanger.

Pour grillades.
Cette sauce peut s'employer froide ou chaude. Elle se conserve plusieurs jours au réfrigérateur.

Le raifort est une plante potagère dont on utilise la racine pivotante, sorte de carotte blanc jaunâtre, comme condiment, depuis l'Antiquité. Après lavage et épluchage, le raifort est râpé finement, mais sa saveur très forte et très piquante rend l'opération particulièrement difficile, irritante pour les yeux et les muqueuses du nez.

6 pers.
Prép. : 5 min

SAUCE RAIFORT

50 g de raifort râpé conservé dans du vinaigre blanc (produit du commerce)
2 dl de crème fraîche épaisse
Le jus de 1/2 citron
Sel, poivre du moulin.

Mélanger le raifort dans la crème, ajouter du jus de citron. Saler, poivrer.

Pour viandes bouillies, pot-au-feu.

<table>
<tr><td>Pour 1/2 l
Prép. : 20 min</td><td>XX∞</td></tr>
</table>

PISTOU

1 tomate moyenne mûre à point
100 g de feuilles de basilic
30 g de pignons de pin grillés
4 gousses d'ail dégermées
30 g de parmesan râpé
3 dl d'huile d'olive vierge
Sel, poivre du moulin.

Ébouillanter la tomate pour pouvoir l'éplucher, supprimer les graines, hacher la chair.

Réunir dans un mortier les feuilles de basilic, les pignons de pin et les gousses d'ail. Piler l'ensemble jusqu'à l'obtention d'une pâte homogène.

Incorporer le parmesan râpé sans cesser de remuer. Verser l'huile petit à petit en remuant constamment avec le pilon. Ajouter enfin la tomate hachée. Saler, poivrer.

Pour rougets au court-bouillon.

<table>
<tr><td>Pour 500 g
Prép. : 30 min</td><td>XXO</td></tr>
</table>

TAPENADE

400 g d'olives noires, des petites niçoises de préférence
50 g de câpres au vinaigre
6 filets d'anchois à l'huile
3 gousses d'ail
Une pincée de fleur de thym
2 dl d'huile d'olive extravierge
Sel, poivre du moulin.

Dénoyauter les olives.

Réunir dans un mixeur la pulpe d'olives, les câpres, les filets d'anchois, les gousses d'ail dégermées et le thym. Faire tourner pour tout réduire en purée. Ajouter l'huile, laisser tourner encore quelques instants. Saler, poivrer.

Attention, les olives et les anchois sont déjà salés.

Pour loup grillé.

À LA MAYONNAISE

À LA MAYONNAISE

On utilise généralement un mortier en pierre et un pilon en bois d'olivier ou en buis pour broyer l'ail. Suivant la tradition, le véritable aïoli est composé exclusivement de gousses d'ail montées à l'huile, sans œuf. Certaines cuisinières provençales préfèrent, pour donner du corps à la sauce, ajouter aux gousses d'ail une pomme de terre cuite chaude plutôt qu'un jaune d'œuf.

| 4 pers. | ✗○ |
| Prép. : 10 min | |

AÏOLI

5 gousses d'ail
1 jaune d'œuf
1/4 l d'huile d'olive
Le jus de 1/2 citron
Sel, poivre du moulin.

Éplucher, dégermer les gousses d'ail, les écraser en pommade bien lisse. Incorporer le jaune d'œuf, assaisonner.
Ajouter l'huile en filet comme pour une mayonnaise.
Détendre l'aïoli de temps en temps avec du jus de citron.

| 4 pers. | ✗○ |
| Prép. : 5 min | |

ANCHOÏADE

6 filets d'anchois à l'huile
1 gousse d'ail
1/4 l de mayonnaise (p. 41).

Mélanger les filets d'anchois écrasés en purée avec l'ail et la mayonnaise.

| 4 pers. | ✗○ |
| Prép. : 5 min | |

SAUCE ANDALOUSE

1/4 l de mayonnaise (p. 41)
1 cuil. à soupe de concentré de tomates
1 cuil. à soupe de poivron rouge cuit (acheté en conserve) coupé en petits dés.

Mélanger ensemble la mayonnaise, le concentré de tomates et le poivron rouge.

À LA MAYONNAISE

4 pers.	✗○
Prép. : 5 min	

SAUCE BOHÉMIENNE

1/4 l de mayonnaise (p. 41)
2 cuil. à soupe d'estragon frais haché.

Mélanger ensemble la mayonnaise et l'estragon.

4 pers.	✗○
Prép. : 10 min	
Cuisson : 5 min	

SAUCE BOSTON

50 g de lard fumé coupé en fins lardons
1 cuil. à soupe de grains de maïs cuits (en conserve au naturel)
1/4 l de mayonnaise (p. 41)
Cayenne.

Faire rissoler les lardons dans une poêle antiadhésive sans corps gras. Les tenir bien croustillants. Les éponger sur un papier absorbant, les laisser refroidir.

Mélanger les grains de maïs égouttés et les lardons dans la mayonnaise, relever d'une pointe de cayenne.

4 pers.	✗○
Prép. : 10 min	

SAUCE CAMBRIDGE

4 filets d'anchois à l'huile
1 cuil. à soupe de câpres
2 cuil. à soupe de fines herbes (cerfeuil, estragon, ciboulette)
1 cuil. à soupe de moutarde forte
1/4 l de mayonnaise (p. 41)
Poivre de Cayenne.

Mixer ensemble les filets d'anchois, les câpres, les fines herbes et la moutarde. Réduire en purée.

Mélanger cette purée avec la mayonnaise, relever d'une pointe de cayenne.

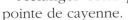

<table>
<tr><td>4 pers.
Prép. : 5 min</td><td></td></tr>
</table>

SAUCE CARMEN

1/4 l de mayonnaise (p. 41)
1 cuil. à soupe de purée de
tomates
1 cuil. à soupe de fines herbes
hachées.

Mélanger ensemble la mayonnaise, la purée de tomates et les fines herbes.

<table>
<tr><td>4 pers.
Prép. : 10 min</td><td></td></tr>
</table>

SAUCE CHANTILLY

1 dl de crème fraîche liquide
1/4 l de mayonnaise (p. 41)
Poivre de Cayenne
Sel, poivre du moulin.

Fouetter la crème énergiquement. Dès qu'elle est montée et bien ferme, l'incorporer délicatement à la mayonnaise, rectifier l'assaisonnement. Relever d'une pointe de cayenne.

<table>
<tr><td>4 pers.
Prép. : 10 min</td><td>✕○</td></tr>
</table>

SAUCE CHANTILLY AU CITRON VERT

1 citron vert
1 dl de crème fraîche liquide
1/4 l de mayonnaise (p. 41)
Poivre de Cayenne
Sel, poivre du moulin.

Râper la valeur d'une cuillerée à café de zeste du citron vert, presser le jus.

Fouetter la crème énergiquement. Dès qu'elle est montée et bien ferme, l'incorporer délicatement à la mayonnaise. Ajouter le zeste râpé et assez de jus pour ne pas rendre la sauce liquide. Rectifier l'assaisonnement, relever d'une pointe de cayenne.

À LA MAYONNAISE

Pour 1/2 l   ✕○
Prép. : 10 min
Cuisson : 10 min

CHAUD-FROID CHARCUTIÈRE

*2 feuilles de gélatine
alimentaire
1/4 l de gelée (confectionnée à
partir d'un sachet de gelée
déshydratée)
1/4 l de mayonnaise (p. 41).*

Mettre les feuilles de gélatine à ramollir dans de l'eau froide.

Confectionner la gelée en suivant le mode d'emploi. Quand elle est encore bien chaude, incorporer dedans les feuilles de gélatine égouttées et essorées, remuer soigneusement pour bien les faire fondre.

Laisser tiédir la gelée, mélanger avec la mayonnaise.

Utiliser cette sauce lorsqu'elle est encore un peu liquide — coulante — pour napper des préparations froides destinées à orner un buffet, par exemple.

4 pers.   ✕✕○
Prép. : 10 min

SAUCE GÉNOISE

*1 petite botte de persil
1 branche d'estragon
5 ou 6 brins de ciboulette
1 cuil. à soupe de pistaches
mondées
2 cuil. à soupe d'amandes
blanches
1 jaune d'œuf
Le jus de 1/2 citron
1/4 l d'huile
Sel, poivre du moulin.*

Laver et sécher les herbes.

Réunir dans le bol d'un mixeur les herbes, les pistaches, les amandes, mixer. Ajouter le jaune d'œuf et le jus de citron. Faire tourner à grande vitesse en incorporant l'huile petit à petit. Saler et poivrer.

SAUCE COCKTAIL

4 pers.
Prép. : 5 min

1/4 l de mayonnaise (p. 41)
2 cuil. à soupe de ketchup
1 cuil. à soupe de cognac
Poivre de Cayenne.

Mélanger dans la mayonnaise le ketchup et le cognac. Relever d'une pointe de cayenne.

SAUCE COLLIOURE

4 pers.
Prép. : 5 min

1/4 l de mayonnaise (p. 41)
6 filets d'anchois écrasés en purée
1 cuil. à soupe de concentré de tomates.

Mélanger dans la mayonnaise les filets d'anchois et le concentré de tomates.

SAUCE EDEN

4 pers.
Prép. : 10 min

1 quartier de pomme type granny
1/4 de banane
1/4 de tranche d'ananas
Le jus de 1/2 citron
1/4 l de mayonnaise (p. 41)
1/2 cuil. à café de curry.

Couper les fruits en très petits dés, les arroser de jus de citron.
Les mélanger dans la mayonnaise, relever avec le curry.

À LA MAYONNAISE

SAUCE GLOUCESTER

4 pers.
Prép. : 5 min

1/4 l de mayonnaise (p. 41)
1 yaourt au lait entier
Quelques gouttes de Tabasco.

Mélanger à la mayonnaise le yaourt et le Tabasco.

SAUCE ITALIENNE

4 pers.
Prép. : 10 min

1 citron
1/4 l de mayonnaise (p. 41)
1 cuil. à soupe de persil haché
1 cuil. à soupe de parmesan
râpé.

Éplucher le citron à vif en supprimant toutes les peaux et les membranes. Détacher les quartiers à l'aide d'un petit couteau bien aiguisé, opérer au-dessus d'une assiette pour recueillir tout le jus. Couper les quartiers en petits cubes.
Mélanger à la mayonnaise les cubes de citron, le jus, le persil et le parmesan.

SAUCE MOUSQUETAIRE

4 pers.
Prép. : 10 min
Cuisson : 5 min

30 g d'échalote hachée
1 dl de vin blanc sec
1/4 l de mayonnaise (p. 41)
1 cuil. à soupe de ciboulette
hachée
Poivre de Cayenne.

Faire réduire à sec l'échalote et le vin blanc, laisser refroidir.
Mélanger l'échalote dans la mayonnaise, ajouter la ciboulette, relever d'une pointe de cayenne.

4 pers.
Prép. : 15 min

SAUCE GRIBICHE

2 œufs durs
1 cuil. de moutarde forte
5 cl de vinaigre
2 dl d'huile
20 g de câpres
40 g de cornichons au
vinaigre
2 cuil. à soupe de fines herbes
hachées
Sel, poivre du moulin.

Couper les œufs, récupérer les jaunes, les écraser avec la moutarde et le vinaigre pour obtenir une pâte lisse. Monter la sauce en ajoutant l'huile petit à petit comme s'il s'agissait d'une mayonnaise. Assaisonner.

Hacher les câpres et les cornichons, couper les blancs d'œufs durs en julienne, les ajouter avec les fines herbes dans la sauce.

À LA MAYONNAISE

4 pers.	
Prép. : 5 min	

SAUCE RÉMOULADE

30 g de câpres au vinaigre
40 g de cornichons au
vinaigre
1 cuil. à soupe de cerfeuil et
d'estragon hachés
1/4 l de mayonnaise (p. 41)
Sel, poivre du moulin.

Égoutter les câpres et les cornichons, les hacher, les mélanger avec les fines herbes dans la mayonnaise. Rectifier l'assaisonnement si nécessaire.

4 pers.	
Prép. : 10 min	

SAUCE ROUILLE

3 gousses d'ail dégermées
1 cuil. à café de purée de
piments rouges
1 pincée de gros sel
1 jaune d'œuf
2 dl d'huile d'olive
1 pincée de safran.

Piler les gousses d'ail avec la purée de piments et le gros sel.
Lorsque le mélange est bien lisse, ajouter le jaune d'œuf, monter à l'huile comme une mayonnaise, ajouter le safran.

4 pers.	
Prép. : 10 min	

SAUCE TARTARE

2 jaunes d'œufs durs
1 cuil. de moutarde forte
1/4 l d'huile
1 cuil. à soupe de vinaigre
1 petit oignon haché
6 brins de ciboulette ciselée
Sel, poivre du moulin.

Réduire les jaunes d'œufs durs en pâte avec la moutarde. Incorporer l'huile en filet, comme s'il s'agissait d'une mayonnaise. Détendre avec le vinaigre, assaisonner.
Garnir avec l'oignon et la ciboulette.

<table>
<tr><td>4 pers.
Prép. : 5 min</td><td>✗○</td></tr>
</table>

SAUCE VINCENT

1,5 dl de sauce tartare
(p. 138)
1,5 dl de sauce verte (p. 139).

Mélanger la sauce tartare à la sauce verte.

<table>
<tr><td>4 pers.
Prép. : 10 min
Cuisson : 5 min</td><td>✗✗○</td></tr>
</table>

SAUCE VERTE

1 bottillon de persil plat
100 g de feuilles d'épinard
1 petite botte d'estragon et de
cerfeuil
Quelques feuilles de cresson
(facultatif)
1/4 l de mayonnaise (p. 41)
Sel, poivre du moulin.

Nettoyer, laver, égoutter les herbes. Les faire blanchir rapidement dans une grande quantité d'eau bouillante, les rafraîchir, les égoutter.

Mettre les herbes dans le bol d'un mixeur, faire tourner à grande vitesse pour obtenir une pâte homogène. Saler, poivrer.

Mélanger cette purée dans la mayonnaise.

LES VINAIGRETTES

VINAIGRETTES

---

6 pers.	✗○
Prép. : 5 min	

ASSAISONNEMENT AUX AGRUMES

1 cuil. à soupe de jus de citron
1 cuil. à soupe de jus d'orange
1 cuil. à soupe de jus de pamplemousse
1 cuil. à soupe de moutarde
1 cuil. à soupe d'huile d'olive
Sel, poivre du moulin.

Mélanger tous les ingrédients.

---

6 pers.	✗✗○
Prép. : 5 min	
Cuisson : 15 min	

ASSAISONNEMENT AUX ARTICHAUTS

4 fonds d'artichauts surgelés
Le jus de 1 citron
2 dl d'huile d'olive
Sel, poivre du moulin.

Cuire les fonds d'artichauts à l'eau bouillante salée, les égoutter.

Mixer les artichauts avec le jus de citron et l'huile, saler, poivrer.

Si nécessaire, passer à la passoire fine en pressant fortement pour éliminer les fibres qui subsisteraient.

VINAIGRETTES

---

6 pers. XXO
Prép. : 10 min

ASSAISONNEMENT AUX CAROTTES

250 g de carottes
Le jus de 1 citron
2 cuil. à soupe d'huile de
pépins de raisin
Sel, poivre du moulin.

Éplucher et laver les carottes. Les passer crues à la centrifugeuse, recueillir le jus.

Mélanger avec les autres ingrédients.

---

6 pers. XXO
Prép. : 10 min

ASSAISONNEMENT VÉGÉTARIEN

1 gousse d'ail
1 oignon
150 g de tomates
100 g de concombres
100 g de céleri en branche
Le jus de 1 citron
1 cuil. à soupe de fines herbes
hachées
Sel, poivre du moulin.

Éplucher la gousse d'ail et l'oignon, laver tous les légumes. Les passer à la centrifugeuse, recueillir le jus. Ajouter le jus de citron, saler, poivrer, mélanger les fines herbes.

---

6 pers. XO
Prép. : 5 min

SAUCE MENTHE

1 bon bouquet de menthe
fraîche
1 cuil. à soupe de vinaigre
d'alcool blanc
1 cuil. à café de sucre roux
1 cuil. à café de moutarde
forte
3 cuil. à soupe d'huile
d'arachide
Poivre du moulin.

Effeuiller la menthe, hacher les feuilles pour en obtenir 3 cuillerées à soupe. Piler la menthe pour la réduire en pâte, mieux la mixer avec le vinaigre, le sucre, la moutarde et du poivre.

Ajouter l'huile, mélanger soigneusement.

<table>
<tr><td>6 pers.
Prép. : 10 min</td><td></td></tr>
</table>

SAUCE VIERGE
AU BASILIC

---

1 bouquet de basilic
2 gousses d'ail
2 filets d'anchois
3 cuil. à soupe d'huile d'olive
vierge
Sel, poivre du moulin.

Laver, effeuiller le basilic.
Dégermer les gousses d'ail.
Réunir dans le bol du mixeur les feuilles de basilic, l'ail, les anchois, faire tourner.
Ajouter l'huile, saler et poivrer.

<table>
<tr><td>6 pers.
Prép. : 5 min</td><td>✗O</td></tr>
</table>

SAUCE RAVIGOTE

---

50 g d'oignons
50 g de câpres au vinaigre
1 bottillon de fines herbes
(cerfeuil, ciboulette, estragon,
persil)
2 dl de sauce vinaigrette
(p. 40).

Hacher finement l'oignon, les câpres et les herbes.
Mélanger dans la vinaigrette.

LES BEURRES COMPOSÉS

BEURRES COMPOSÉS

Les principes de préparation sont pratiquement les mêmes pour tous les beurres composés.

Le beurre doit être de bonne qualité, non salé, ramolli mais non fondu, pour avoir la consistance d'une pommade.

Les ingrédients entrant dans sa composition doivent être réduits en pâte la plus fine possible en utilisant soit un mortier et son pilon, soit un mixeur.

Pour certaines préparations, la masse doit nécessairement être passée au travers d'un tamis pour éliminer les parties dures (carapaces de crustacés, par exemple).

Les liquides se mélangent mal au beurre : le travail doit être réalisé énergiquement et très correctement.

Si le beurre n'est pas utilisé immédiatement, présenté en accompagnement de viandes ou de poissons, en pommade en saucière, il peut être réservé au frais, roulé serré dans du papier aluminium ou sulfurisé. Il sera alors facile de le découper en tranches et d'utiliser celles-ci en remplacement d'une sauce, posées simplement sur une grillade qu'elles parfumeront agréablement.

Une technique professionnelle consiste à chauffer le beurre et les ingrédients de telle sorte que, rendu liquide, le beurre se charge de toutes les substances aromatiques de la préparation.

Après filtration et refroidissement, le beurre peut être retravaillé en pommade, mais le résultat n'est plus identique.

Pour 4 à 6 portions ✕〇
Prép. : 10 min

BEURRE MAÎTRE D'HÔTEL

Mélanger tous les ingrédients.

1 cuil. à soupe de persil haché
1 cuil. à soupe de jus de citron
120 g de beurre
Sel, poivre du moulin.

BEURRES COMPOSÉS

BEURRE D'AIL

Pour 4 à 6 portions	✗○
Prép. : 5 min	

6 gousses d'ail dégermées
120 g de beurre
Sel, poivre du moulin.

Mixer tous les ingrédients.

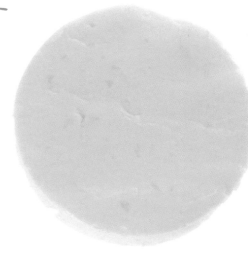

BEURRE D'ANCHOIS

Pour 4 à 6 portions	✗○
Prép. : 5 min	

40 g de filets d'anchois
100 g de beurre
1 cuil. à café de jus de citron
Sel, poivre du moulin.

Mixer tous les ingrédients.

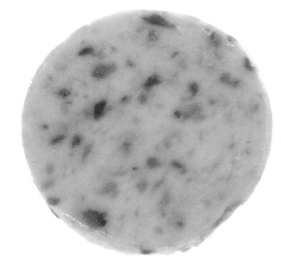

BEURRE DE CERFEUIL

Pour 4 à 6 portions	✗○
Prép. : 10 min	

2 cuil. à soupe de cerfeuil
haché
1 petite échalote grise hachée
120 g de beurre
Sel, poivre du moulin.

Mélanger tous les ingrédients.

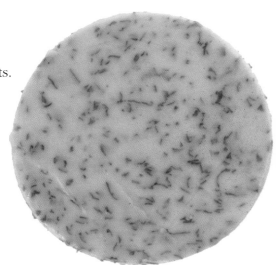

BEURRE DE CRESSON

Pour 4 à 6 portions
Prép. : 5 min
Cuisson : 5 min

1 botte de cresson
120 g de beurre
Sel, poivre.

Effeuiller le cresson, blanchir les feuilles 2 minutes à l'eau bouillante. Les refroidir, les égoutter.

Réduire le cresson en pâte soit dans un pilon, soit au mixeur. Mélanger avec le beurre, assaisonner.

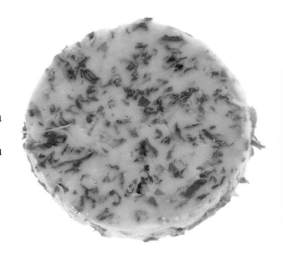

BEURRE DE CREVETTES ROSES

Pour 4 à 6 portions
Prép. : 10 min

80 g de crevettes roses non décortiquées
1 cuil. à café de jus de citron
100 g de beurre
Sel, poivre.

Mixer les crevettes roses avec le jus de citron.
Passer la pâte obtenue au tamis en pressant fortement.
Mélanger avec le beurre mou, assaisonner.

On peut réaliser un beurre de crevettes grises de la même manière.

BEURRE DE TRUFFES

Pour 4 à 6 portions
Prép. : 5 min

20 g de truffe hachée
100 g de beurre
Sel, poivre du moulin.

Mélanger tous les ingrédients.

On trouve les truffes sous différentes formes, de la plus chère : truffe fraîche entière, à la plus «pratique» : pelures de truffes au naturel. Ces dernières conviennent pour cette préparation.

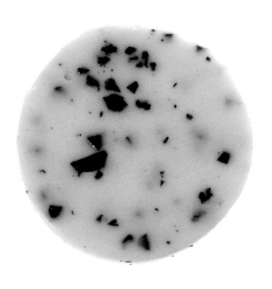

BEURRES COMPOSÉS

Pour 4 à 6 portions	
Prép. : 10 min	
Cuisson : 10 min	

BEURRE D'ÉCHALOTES

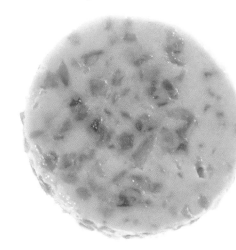

50 g d'échalote grise hachée
finement
5 cl de vin blanc sec
120 g de beurre
Sel, poivre du moulin.

Faire étuver et réduire à sec
l'échalote avec le vin blanc.
Laisser refroidir.
Mélanger avec le beurre mou,
assaisonner.

Pour 4 à 6 portions	✗○
Prép. : 5 min	

BEURRE DE MOUTARDE

120 g de beurre
1 cuil. à soupe de moutarde
forte à l'ancienne
Sel, poivre du moulin.

Mélanger tous les ingrédients.

Pour 4 à 6 portions	✗○
Prép. : 5 min	

BEURRE DE NOIX
(de noisettes, d'amandes, de pistaches...)

80 g de cerneaux de noix
(de noisettes, d'amandes,
de pistaches...)
80 g de beurre
Sel, poivre du moulin.

Mixer les noix, incorporer le beurre mou.
Saler, poivrer.

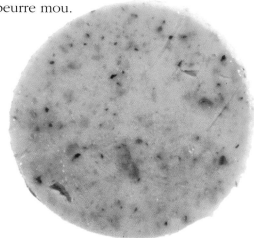

BEURRE DE PIMENT

Pour 4 à 6 portions
Prép. : 5 min ✗○

30 g de piment d'Espelette
120 g de beurre
Sel.

Réduire le piment en poudre, mélanger avec le beurre mou. Saler.

BEURRE DE SAUMON FUMÉ

Pour 4 à 6 portions
Prép. : 5 min ✗○

60 g de saumon fumé
80 g de beurre
Sel, poivre du moulin.

Mixer tous les ingrédients.

Attention, le saumon est déjà salé.

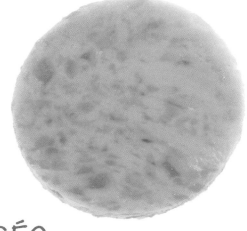

BEURRE DE CRUSTACÉS

Pour 4 à 6 portions
Prép. : 5 min ✗○

120 g de beurre
1 cuil. à soupe de purée de crustacés (p. 23)
Sel, poivre du moulin.

Mélanger tous les ingrédients.

SAUCES DESSERT

SAUCES   DESSERT

Indispensables accompagnements des crêpes ou des coupes de glaces, ces sauces sucrées s'accordent aussi bien avec des entremets aussi variés que biscuits, charlottes, clafoutis qu'avec toutes sortes de desserts aux fruits.

Pour 1/2 l	✗✗○
Prép. : 5 min	
Cuisson : 5 min	

CRÈME ANGLAISE À LA VANILLE

1/2 gousse de vanille
3 dl de lait
3 jaunes d'œufs
80 g de sucre.

Ouvrir la gousse de vanille dans la longueur, gratter l'intérieur avec la pointe d'un petit couteau, mettre l'ensemble dans le lait. Mélanger.

Verser le lait vanillé dans une casserole, le porter à ébullition.

Mélanger vigoureusement les jaunes d'œufs et le sucre pour obtenir une masse crémeuse et homogène. Verser sur ce mélange le lait bouillant, remuer énergiquement à l'aide d'un petit fouet. Remettre le mélange dans la casserole et porter sur « le feu » sans cesser de remuer avec une spatule en bois.

ATTENTION : le mélange ne doit plus bouillir.

Dès que la préparation nappe la spatule en bois de façon homogène, arrêter la « cuisson », retirer immédiatement de la source de chaleur et passer la crème à travers une passoire fine dans un récipient propre et froid. Remuer régulièrement si nécessaire pour accélérer le refroidissement.

Avec un pudding…

Sans que la sauce anglaise soit compliquée, sa réussite réside dans l'élévation suffisante de la température pour assurer la semi-coagulation des œufs afin d'obtenir une texture crémeuse en même temps que la stabilisation bactériologique de la préparation, sans pour autant atteindre l'ébullition, qui ferait cuire les œufs comme des « œufs brouillés » en donnant une sauce grumeleuse, tournée.

Sans aller jusqu'à franche ébullition, il arrive que la crème anglaise soit un peu trop chaude et qu'elle commence à se dissocier. Pour arrêter immédiatement ce début de cuisson, verser la crème chaude dans une bouteille, fermer hermétiquement. Mettre la bouteille sous l'eau froide courante en agitant fortement. Si l'opération est menée à temps, la crème peut être rattrapée.

Pour 1/2 l
Prép. : 5 min
Cuisson : 5 min

✕✕ ⊙⊙

CRÈME ANGLAISE À LA PISTACHE

3 dl de lait
3 jaunes d'œufs
80 g de sucre
50 g de pâte de pistache
1 cuil. à soupe de pistaches
mondées, concassées.

Verser le lait dans une casserole, porter à ébullition.

Mélanger vigoureusement les jaunes d'œufs et le sucre pour obtenir une masse crémeuse et homogène. Verser sur ce mélange le lait bouillant, remuer énergiquement à l'aide d'un petit fouet. Remettre le mélange dans la casserole et porter sur « le feu » sans cesser de remuer avec une spatule en bois. Ne pas faire bouillir.

Dès que la préparation nappe la spatule en bois de façon homogène, ajouter dedans la pâte de pistache, remuer vigoureusement pour bien mélanger. Arrêter la « cuisson », retirer immédiatement de la source de chaleur et passer la crème à travers une passoire fine dans un récipient propre et froid. Remuer régulièrement si nécessaire pour accélérer le refroidissement.

Garnir à la fin avec les pistaches concassées.

Sur un entremets aux noisettes...

À l'origine « crème à la française », la crème anglaise entre dans la composition de très nombreuses préparations pâtissières :
– les œufs à la neige ne sauraient se passer de son accompagnement ;
– en changeant les parfums : café, chocolat, thé, liqueurs et alcool... elle agrémente des desserts variés ;
– cette même crème, diversement parfumée, devient « glace aux œufs » quand elle est « turbinée » et glacée dans une sorbetière ;
– additionnée de gélatine et de crème fouettée, c'est la base de toute une série de « crème bavaroise », « pudding », « riz à l'impératrice », charlottes et entremets froids divers ;
– fouettée et mélangée à une quantité de beurre mou, quand elle est refroidie, elle est une des variantes allégées de la crème au beurre.

L'hygiène rigoureuse apportée à sa préparation et à son utilisation ne doit jamais être négligée : pas suffisamment chauffée, sans ébullition ni pasteurisation, elle reste bactériologiquement fragile, quels que soient les usages qui en sont faits.

SAUCES   DESSERT

CRÈME CHANTILLY

1/4 l de crème fraîche liquide
Quelques gouttes d'extrait
liquide de vanille
25 g de sucre glace.

Réunir dans une calotte en acier inoxydable ou dans un saladier bien propre et bien froid la crème froide et 1 ou 2 gouttes d'extrait de vanille. Fouetter, à l'aide d'un petit fouet à main, éventuellement sur de la glace pilée. Arrêter de fouetter lorsque la crème s'épaissit, double de volume et tient légèrement aux branches du fouet.

Saupoudrer de sucre glace et serrer la crème.

Avec toutes sortes de desserts glacés…

La réussite réside dans l'utilisation de crème fluide bien fraîche et bien froide et un fouettage régulier. Préférer un fouet à main à un fouet électrique : à la main, on sent la crème se solidifier et on apprécie plus facilement le moment où il faut cesser de battre. Une crème battue trop longuement se tranforme en beurre.

Une fois montée à point, la crème Chantilly doit être utilisée rapidement : en attente, elle retombe. Si elle doit attendre, la garder au réfrigérateur et lui donner quelques tours de fouet au moment de l'utiliser.

Pour 1/4 l
Prép. : 10 min

CRÈME CHANTILLY À L'ANIS

1/4 l de crème fraîche liquide
25 g de sucre glace
1 cuil. à soupe d'apéritif anisé
1 cuil. à soupe de feuilles
d'aneth hachées.

Verser la crème froide dans une calotte en acier inoxydable ou dans un saladier bien propre et bien froid. Fouetter, à l'aide d'un petit fouet à main, éventuellement sur de la glace pilée. Arrêter de fouetter lorsque la crème s'épaissit, double de volume et tient légèrement aux branches du fouet.

Saupoudrer de sucre glace, ajouter l'anis et l'aneth haché. Mélanger et serrer la crème.

Avec une crème bavaroise à la vanille.

CRÈME CHANTILLY AUX AGRUMES ET AU PISTIL DE SAFRAN

Pour 1/4 l
Prép. : 10 min

1/4 l de crème fraîche liquide
5 cl de jus d'orange
1 cuil. à café de zeste
d'orange râpé
1/2 cuil. à café de zeste de
citron râpé
25 g de sucre glace
Une petite pincée de pistils de
safran pur.

Verser la crème froide dans une calotte en acier inoxydable ou dans un saladier bien propre et bien froid. Fouetter à l'aide d'un petit fouet à main, éventuellement sur de la glace pilée. Arrêter de fouetter lorsque la crème s'épaissit, double de volume et tient légèrement aux branches du fouet.

Ajouter le jus d'orange, les zestes, saupoudrer de sucre glace et serrer la crème. Parsemer les pistils de safran en décor, par-dessus.

Avec du jus d'orange sanguine, la crème prend une belle couleur rose soutenue.

En variant les agrumes : citron, citron vert, jus et zeste de pamplemousse, etc., on obtient chaque fois une crème différente. En ajoutant quelques gouttes de liqueur d'orange, le résultat est encore différent.

Attention : une trop grande quantité de jus de fruit, ou de liqueur liquéfie la crème.

SAUCES DESSERT

Pour 1/4 l	✕○
Prép. : 10 min	
Cuisson : 15 min	

COULIS D'ANANAS AU RHUM ET À LA VANILLE

80 g de sucre
1/2 gousse de vanille
300 g de chair d'ananas mûr à point
5 cl de rhum ambré.

Mettre 1 dl d'eau et le sucre à bouillir, laisser cuire ce sirop 2 à 3 minutes.

Ouvrir la demi-gousse de vanille en deux, gratter l'intérieur de la gousse avec la pointe d'un petit couteau. Ajouter toute la vanille — graines et gousse — dans le sirop.

Couper l'ananas en quartiers, les plonger dans le sirop, laisser cuire 7 à 8 minutes, selon l'état de maturité du fruit.

Retirer la gousse de vanille.

Passer l'ensemble à la grille fine du moulin à légumes, laisser complètement refroidir, ajouter le rhum dans le coulis refroidi.

Avec des crêpes.

Pour 1/4 l	✕○
Prép. : 10 min	
Cuisson : 15 min	

COULIS DE MANGUE AU GINGEMBRE

80 g de sucre
2 belles mangues mûres à point
1 morceau de rhizome de gingembre (environ 10 g, gros comme un pouce)
Le jus de 1/2 citron.

Mettre 1 dl d'eau et le sucre à bouillir, laisser cuire ce sirop 2 à 3 minutes.

Éplucher les mangues, les diviser pour retirer leur noyau. Couper la chair en cubes, les plonger dans le sirop, laisser cuire 7 à 8 minutes selon l'état de maturité des fruits.

Éplucher et râper le gingembre, le mettre à cuire avec le jus de citron en même temps que les mangues.

Passer l'ensemble à la grille fine du moulin à légumes, laisser complètement refroidir.

Avec de l'ananas rôti et flambé.

Pour 1/4 l
Prép. : 10 min
Cuisson : 10 min

✕○

COULIS DE FRAISES AU POIVRE ROSE

80 g de sucre
300 g de fraises mûres à point
1 cuil. à soupe de poivre rose
Le jus de 1/2 citron.

Faire bouillir 1 dl d'eau et le sucre, maintenir ce sirop à petite ébullition pendant 5 minutes.

Équeuter, laver et égoutter les fraises. Les écraser avec une fourchette, les ajouter dans le sirop bouillant. Laisser cuire encore 5 minutes.

Passer la compote obtenue à la grille fine du moulin à légumes.

Écraser le poivre pour obtenir de grosses « miettes », l'ajouter dans le coulis, laisser refroidir.

Aromatiser avec le jus du demi-citron.

Avec une coupe glacée et des fruits frais.

4 à 6 pers.
Prép. : 10 min
Cuisson : 10 min

SABAYON AU MARSALA

SAUCES   DESSERT

3 jaunes d'œufs
80 g de sucre
1/4 l de marsala.

Réunir tous les ingrédients dans une casserole ou dans une calotte. Fouetter énergiquement pour bien mélanger l'ensemble. Poser la casserole sur une source de chaleur modérée, pas plus de 65 °C, ou dans un bain-marie (1).

Continuer à fouetter vigoureusement en élevant progressivement la température de la préparation, qui va devenir mousseuse, doubler de volume et épaissir (2). Attention, la température ne doit jamais dépasser les 65 °C.

Utiliser ce sabayon immédiatement, en accompagnement de biscuits, ou s'en servir pour napper une préparation à base de fruits, par exemple pour les faire gratiner.
Avec des fruits pochés.

SABAYON AU MUSCAT ET AUX NOISETTES GRILLÉES

3 jaunes d'œufs
80 g de sucre
1/4 l de muscat (frontignan, beaumes-de-Venise, samos, etc.)
40 g de noisettes mondées.

Réunir les jaunes d'œufs, le sucre et le muscat dans une casserole ou dans une calotte. Fouetter énergiquement pour bien mélanger l'ensemble. Poser la casserole sur une source de chaleur modérée, pas plus de 65 °C, ou dans un bain-marie. Continuer à fouetter vigoureusement en élevant progressivement la température de la préparation, qui va devenir mousseuse, doubler de volume et épaissir. Attention, la température ne doit jamais dépasser les 65 °C.

Faire griller les noisettes au four ou dans une poêle antiadhésive, les concasser assez finement, les ajouter dans le sabayon.

Utiliser ce sabayon chaud immédiatement pour accompagner des coupes de glaces ou de sorbets.

En variant le vin (champagne, sauternes, porto, etc.) ou en utilisant un alcool ou une liqueur (liqueur de framboises, d'orange, d'anis, etc.), on obtient autant de sabayons différents.

SAUCES   DESSERT

SAUCE AU CHOCOLAT BITTER

*1/4 l de crème fraîche liquide
80 g de chocolat amer à 80 %
de cacao.*

Porter la crème à ébullition.

Casser le chocolat en petits morceaux.

Ajouter, hors du feu, le chocolat dans la crème très chaude, couvrir, laisser fondre. Remuer énergiquement pour bien mélanger et obtenir une sauce brillante. Garder au chaud jusqu'à utilisation, sans faire cuire.

En refroidissant, la préparation se solidifie, la masse peut être travaillée avec les doigts pour être façonnée en boules : c'est le principe de la fabrication des truffes en chocolat. Pour ramener la sauce à son point de fluidité, il suffit de la remettre doucement à chauffer.

Avec des profiteroles, des poires pochées…

SAUCE MOUSSEUSE AU CHOCOLAT BLANC

*80 g de chocolat blanc
1/4 l de crème fraîche liquide
Quelques gouttes d'extrait de
vanille.*

Casser le chocolat en petits morceaux, le faire fondre au bain-marie sans trop le chauffer. Le garder liquide à peine tiède.

Fouetter la crème bien froide pour l'obtenir ferme, incorporer dedans le chocolat blanc fondu en gardant la préparation bien légère. Ajouter l'extrait de vanille. Utiliser sans attendre.

Avec un parfait glacé au moka.

Le chocolat blanc n'est pas du chocolat : c'est plus simplement du beurre de cacao travaillé et sucré, transformé en une masse malléable, moulée en tablettes. Comme tous les corps gras, ce beurre végétal fond, devient liquide lorsqu'il est trop chauffé. Il faut observer la plus grande prudence en faisant chauffer doucement le beurre de cacao pour qu'il reste fluide sans qu'il fonde !

Mélangé à la crème fouettée froide, le « chocolat » blanc redevient solide, la crème s'affermit comme une mousse au chocolat… blanc.

LES MOTS DES SAUCES

Abattis : pattes, cou, ailerons, cœur, foie et gésier d'une volaille.

Appareil : mélange d'éléments composant une recette.

Aromates : plante, herbe, racine... qui développe une odeur agréable.

Bain-marie : récipient contenant de l'eau très chaude dans lequel est placé un second récipient plus petit, qui contient des préparations que l'on veut tenir au chaud ou réchauffer sans bouillir.

Beurre manié : beurre mélangé à une quantité égale de farine, servant à lier les sauces.

Blanchir : maintenir certains aliments dans de l'eau bouillante pour leur faire perdre de l'acidité, de l'âcreté ou les attendrir.

Bouquet garni : ensemble d'herbes aromatiques (thym, laurier, tiges de persil...).

Brunoise : taille de légumes, champignons, truffes... en très petits dés de 1 mm de côté.

Chiffonnade : feuilles de salade, d'oseille, d'épinard... coupées en lanières.

Chinois : passoire métallique conique à mailles serrées.

Chinoiser : passer une préparation au travers d'un chinois.

Ciseler : couper finement un légume, une herbe potagère, un condiment.

Clarifier : rendre clair un liquide en le filtrant. Fondre du beurre pour séparer la matière grasse des autres composants.

Concasser : hacher grossièrement.

Décanter : transvaser doucement un liquide dans un autre récipient pour éliminer le fond.

Déglacer : dissoudre avec un liquide les sucs d'aliments attachés au fond d'un récipient de cuisson.

Dégraisser : retirer la graisse à la surface d'une préparation culinaire.

Dépouiller : cuire longement en retirant soigneusement l'écume et la graisse qui remontent à la surface.

Détendre : ajouter un liquide dans une préparation.

Duxelles : hachis de champignons et d'échalotes cuits au beurre.

Émincer : couper en tranches très minces.

Escaloper : couper en tranches en biais.

Étouffer : cuire à couvert avec très peu de liquide.

Étuver : cuire doucement dans un récipient, à couvert.

Flamber : arroser un mets d'alcool, enflammer.

Frémir : laisser cuire très doucement, à ébullition à peine perceptible.

Glace : réduction de liquide proche de la déshydratation.

Glacer : obtenir une couche brillante à la surface d'une préparation, par réduction ou par chauffage ardent de la surface.
Refroidissement pouvant aller jusqu'à la congélation.

Julienne : découpe d'aliments en bâtonnets très fins, longs de 6 à 8 cm.

Lier : ajouter un ou des éléments pour épaissir un liquide, une sauce.

Macérer : laisser séjourner des aliments dans des ingrédients aromatiques (vin, alcool, herbes, épices…) pour les parfumer.

Marinade : préparation liquide, généralement composée de vin, d'alcool, dans laquelle on fait séjourner des aliments.

Mijoter : cuire à très petit feu.

Mirepoix : carottes, oignons, parfois lard et jambon, servant d'éléments de base à une sauce.

Monder : retirer la peau d'aliments (tomates, amandes…) après les avoir plongés quelques instants dans de l'eau bouillante.

Mouiller : ajouter du liquide en cours de cuisson.

Napper : recouvrir un mets d'une sauce.

Parer : retirer les parties non comestibles d'un aliment.
Donner une forme, un aspect régulier et harmonieux à des aliments.

Parures : morceaux d'aliments retirés par l'opération de parage.

Peluches ou pluches : petites feuilles, principalement de cerfeuil, sans tiges.

Pincer : colorer légèrement au four os, parures, légumes, avant de les déglacer.

Pocher : cuire sans ébullition dans un liquide maintenu au frémissement.

Rafraîchir : plonger dans de l'eau glacée ou passer sous l'eau froide un aliment à refroidir.

Réduire : faire bouillir une préparation pour laisser évaporer l'eau.

Revenir : commencer une cuisson dans un corps gras chaud pour colorer l'aliment.

Rissoler : faire colorer un aliment dans un corps gras chaud, à chaleur vive, en le retournant sur toutes les faces.

Roux : élément de liaison composé à parts égales de corps gras et de farine.

Saisir : exposer à une chaleur vive dès le début de cuisson.

Salpicon : mélange de plusieurs aliments coupés en petits dés.

Saucer : verser de la sauce autour d'un mets.

Saupoudrer : parsemer régulièrement un aliment en «poudre» : farine, sel, sucre…

Sauter : cuire un aliment dans un corps gras chaud en le retournant régulièrement pour qu'il soit saisi sur toutes ses faces.

Singer : saupoudrer une préparation culinaire de farine avant de verser un liquide pour épaissir et lier.

Suer : faire chauffer des aliments dans un corps gras pour faire évaporer leur eau de composition.

Tomber (des légumes) : cuire dans un corps gras avec très peu de liquide, jusqu'à évaporation complète du mouillement.

Travailler : mélanger énergiquement différents éléments pour obtenir une préparation homogène.

Vanner : remuer une sauce, une crème, pendant le refroidissement pour qu'il s'opère régulièrement et pour éviter la formation d'une peau à la surface.

Zeste : partie de l'épiderme d'un agrume, la peau colorée extérieure, débarrassée de la partie blanche intérieure (le ziste).

Zester : prélever le zeste sur un agrume.

TABLE DES MATIÈRES

Tableau des signes — 6
Introduction — 7

UN PEU D'HISTOIRE — 8

LES SAUCES : DÉFINITIONS — 10
Quantités de sauces — 10

LES ÉLÉMENTS DE LIAISON — 12
Avec de la farine — 12
Avec de la farine, de la fécule, de l'amidon
  de maïs, de la crème de riz : les empois
  d'amidon — 14
Les liaisons aux protéines — 16
Les liaisons aux corps gras — 18
Un épaississant naturel : l'évaporation — 19
Pour éviter les corps gras : les liaisons
  aux purées de légumes — 19
Les nouvelles technologies au service
  des sauces : les émulsions « électro-
  mécaniques » — 19

LES LIQUIDES — 20
L'eau — 20
Le lait — 20
Le vin, les alcools — 20
Les jus de fruits et de légumes — 21
Les corps gras — 21
Équivalence poids/mesures/contenances — 21

LES RECETTES

LES FONDS DE BASE — 22
Court-bouillon pour poissons et crustacés — 22
Fumet de poisson (fond blanc de poisson) — 22
Fond de crustacés — 23
Purée de crustacés — 23
Bouillon de légumes — 24
Consommé blanc simple ou « marmite » — 24
Fond blanc de veau ou jus clair — 25
Fond blanc de volaille — 25
Le germe des gousses d'ail doit toujours
  être supprimé — 25
Fond brun de veau — 26
Fond brun de gibier — 27
Fond brun d'agneau — 27
Fond brun de volaille — 27
Bien dégraisser un fond est gage
  de meilleure digestibilité — 27
Glace de viande — 28
Bouquet garni — 28
Fumets et essences — 28
Essence de champignons — 29
Jus de truffes — 29

Marinade crue — 30
Les marinades — 30
Marinade pour viandes blanches — 30
Marinade pour viandes rouges — 30
Marinade instantanée pour poissons — 31
Marinade texane pour viandes rouges et
  pour volailles — 31
Marinade Caraïbes pour viandes blanches
  à griller — 31
Marinade cuite au vin blanc — 31

LES GRANDES SAUCES DE BASE — 32
Sauce espagnole — 32
Sauce demi-glace — 32
Fond de veau brun lié — 34
Velouté de poisson — 35
Velouté de volaille, de veau — 35
Sauce suprême — 36
Ne pas hésiter à acidifier une sauce — 36
Velouté ou « sauce blanche » grasse — 37
Sauce allemande — 37
Sauce Béchamel — 38
Sauce tomate (concentré de tomates) — 38
Sauce tomate (tomates fraîches) — 39
Sauce vinaigrette — 40
Mayonnaise — 41
Sauce hollandaise — 42
Pour rattraper une sauce émulsionnée
  qui tourne — 43

LES SAUCES BRUNES — 44
Sauce bigarade — 44
Sauce bordelaise — 46
Pour réaliser une sauce, ne jamais négliger
  la qualité du vin utilisé — 46
Sauce charcutière — 46
Sauce chasseur — 47
Sauce chevreuil — 47
Sauce Chateaubriand — 48
Sauce poivrade — 48
Sauce diable — 49
Sauce Diane — 49
Sauce Colbert — 49
Sauce aux fines herbes — 50
Sauce grand veneur ou sauce venaison — 50
Sauce financière — 50
Duxelles — 51
Duxelles sèche — 51
Jus de rôti — 52
Sauce italienne — 53
Sauce lyonnaise — 53
Sauce madère — 54
Sauce porto — 54
Sauce moscovite — 54
Sauce périgourdine — 54
Sauce poivre vert — 55

Sauce piquante — 55
Sauce rouennaise — 56
Sauce réforme — 56
Sauce romaine — 57
Sauce Solferino — 58
Sauce tortue — 58
Sauce Yorkshire — 59
Sauce zingara — 59

LES SAUCES AU VIN — 60
Sauce bretonne au vin blanc — 60
Sauce bourguignonne — 61
Sauce matelote au vin blanc — 62
Sauce matelote au vin rouge — 62
Sauce meurette — 63
Sauce vénitienne — 63

LES SAUCES À BASE D'EAU — 64
Sauce au beurre à l'anglaise — 64
Sauce bâtarde — 64
Sauce Albert — 65
Pour lier correctement une sauce à la crème
  et aux jaunes d'œufs — 65
Sauce canotière — 66
Sauce aux câpres — 66
Sauce Laguipière — 66
Sauce persil — 67
Sauce raifort — 67

AU FOND DE VOLAILLE — 68
Sauce Albuféra — 68
Sauce aurore — 68
Sauce boulangère — 69
Sauce curry — 70
La poudre de curry — 70
Indienne — 70
Sauce Chivry — 71
Sauce ivoire — 72
Villageoise — 72

AU FOND BLANC DE VEAU — 74
Sauce aux aromates — 74
Sauce Bonnefoy — 74
Sauce estragon — 76
Sauce Villeroy — 77
Sauce champignons — 78
Préparation des champignons — 78
Sauce ravigote — 79
Sauce chaud-froid — 80
Chaud-froid aux fines herbes — 81
Chaud-froid à la tomate — 81

LES ÉMULSIONS CHAUDES — 82
Sauce béarnaise — 82
Beurre blanc — 84
Beurre rouge — 84

Sauce bavaroise	85
Sauce choron	86
Sauce maltaise	86
Sauce Foyot	87
Sauce moutarde	87
Sauce mousseline	87
Sauce noisette	88
Sauce paloise	88
Sauce tyrolienne	89
Sauce Valois	89

LES SAUCES AUX CRUSTACÉS | 90
Sauce américaine	90
Sauce diplomate	92
Sauce homard	92
Sauce riche	92
Sauce homard aux châtaignes	93
Sauce Newburg (à cru)	94
Sauce Newburg (à cuit)	94
Sauce orientale	95

LES SAUCES À LA BÉCHAMEL | 96
Sauce cardinal	96
Sauce crème	96
Sauce écossaise	96
Sauce homardine	98
Sauce hongroise	98
Sauce huîtres	98
Sauce Mornay	99
Sauce aux œufs	99
Sauce aux oignons	100
Sauce au pain	100
Sauce soubise	101
Sauce smitane	101

AU FUMET DE POISSON | 102
Sauce aux anchois	102
Sauce Bercy	102
Sauce bretonne	104
Sauce bretonne aux poireaux	104
Sauce crevette	104
Sauce gratin	105
Sauce hachée	105
Sauce Joinville	105
Sauce aux huîtres	106
Ébarber les huîtres, moules et autres coquillages	106
Sauce genevoise	107
Sauce livonienne	108
Sauce madrilène	108
Sauce marinière	108
Sauce Nantua	109
Sauce normande	110
Sauce au persil	110

Sauce Rubens	111
Sauce « vin blanc »	112
Sauce « vin blanc » 2e méthode	112
Sauce « vin rouge »	112
Sauce Scott	113
Sauce Suchet	113

AU FROMAGE | 114
Sauce crème au chaource	114
Sauce « faisselle » au piment d'Espelette	114
Sauce mousseuse aux petits-suisses	116
Sauce de roquefort aux noix	116
Sauce yaourt au citron	117
Sauce yaourt aux fines herbes	117
Sauce yaourt à l'indienne	117

FRUITS, LÉGUMES ET PURÉES | 118
Chutney aux fruits	118
Sauce aux airelles	118
Coulis aux deux céleris	120
Sauce au fenouil	120
Sauce groseille au raifort	120
Sauce Oxford	121
Sauce Cumberland	121
Sauce aux pommes	122
Sauce portugaise	122
Sauce provençale	123
Sauce potiron en cappuccino	123
Chutney à la mangue	124
Coulis de betterave rouge à l'huile de sésame	124
Coulis de carottes à la sauge	125
Coulis de persil à l'huile d'olive	125
Guacamole	126
Coulis de tomates au basilic	126
Mousseline de petits pois frais à la menthe	127
Sauce barbecue aux légumes	128
Sauce raifort	128
Pistou	129
Tapenade	129

À LA MAYONNAISE | 130
Aïoli	130
Anchoïade	130
Sauce andalouse	130
Sauce bohémienne	132
Sauce Boston	132
Sauce Cambridge	132
Sauce Carmen	133
Sauce Chantilly	133
Sauce Chantilly au citron vert	133
Chaud-froid charcutière	134
Sauce génoise	134
Sauce cocktail	135

Sauce Collioure	135
Sauce Eden	135
Sauce Gloucester	136
Sauce italienne	136
Sauce mousquetaire	136
Sauce gribiche	137
Sauce rémoulade	138
Sauce rouille	138
Sauce tartare	138
Sauce Vincent	139
Sauce verte	139

LES VINAIGRETTES | 140
Assaisonnement aux agrumes	140
Assaisonnement aux artichauts	140
Assaisonnement aux carottes	142
Assaisonnement végétarien	142
Sauce menthe	142
Sauce vierge au basilic	143
Sauce ravigote	143

LES BEURRES COMPOSÉS | 144
Beurre maître d'hôtel	144
Beurre d'ail	146
Beurre d'anchois	146
Beurre de cerfeuil	146
Beurre de cresson	147
Beurre de crevettes roses	147
Beurre de truffes	147
Beurre d'échalotes	148
Beurre de moutarde	148
Beurre de noix (de noisettes, d'amandes, de pistaches…)	148
Beurre de piment	149
Beurre de saumon fumé	149
Beurre de crustacés	149

SAUCES DESSERT | 150
Crème anglaise à la vanille	150
Crème anglaise à la pistache	151
Crème Chantilly	152
Crème Chantilly à l'anis	152
Crème Chantilly aux agrumes et au pistil de safran	153
Coulis d'ananas au rhum et à la vanille	154
Coulis de mangue au gingembre	154
Coulis de fraises au poivre rose	155
Sabayon au marsala	156
Sabayon au muscat et aux noisettes grillées	157
Sauce au chocolat bitter	158
Sauce mousseuse au chocolat blanc	158

LES MOTS DES SAUCES | 160

Imprimé en France

Dépôt légal 4e trim. 2002 - n° 2 700

Imprimé en U.E.